감사가 무너지면 다 무너지고
감사가 회복되면 다 회복된다

감사가 무너지면
다 무너지고
감사가 회복되면
다 회복된다

정재식 지음

THANKS

"감사의 크기가 행복의 크기입니다"

좋은땅

프롤로그

여호와께 감사하라. 저는 선하시며 그 인자하심이 영원함이로다
(시 118:1)

제게 수없이 반복하며 고백하는 말이 있습니다.
'감사가 무너지면 다 무너지고 감사가 회복되면 다 회복된다.'
이 고백이 하나님을 향한 저의 믿음을 붙잡아 주었습니다.

인생 살면서 힘든 일 겪지 않는 사람이 어디에 있을까요?
아이부터 노인에 이르기까지 모두가 자신들이 경험했던 힘든 이야기보따리가 있습니다.

가정마다 아픔이 있고 개인마다 고통이 있는 이 세상에서 우리가 붙잡아야 할 것이 무엇인가 생각해 봅니다. 그리고 결론을 맺습니다.

'감사.'

이 한마디로 결론을 맺고 이 '감사' 속에서 많은 것들을 발견하게 됩니다.

'마른 빵 한 조각을 먹으며 화목하게 지내는 것이, 진수성찬을 가득히 차린 집에서 다투며 사는 것보다 낫다'(잠 17:1)는 성경 말씀이 기억납니다. 물론 화목의 중요성을 언급한 말씀이지만 이 말씀 속에는 환경에 속지 말라는 경고가 들어 있음을 봅니다.

사람들은 진수성찬과 마른 빵 한 조각 중에서 무엇을 더 바라고 원할까요? 다른 사람은 진수성찬에서 밥을 먹는데 나는 고작 마른 빵 한 조각만 있다면 행복할까요?

그런데 마른 빵 한 조각으로도 행복할 수 있는 능력을 발견하게 됩니다. 바로 '감사'입니다. 감사는 연약한 환경 가운데서도 행복을 잃어버리지 않는 힘이 있습니다.

감사는 그 어떤 환경이나 상황 속에서도 행복을 잃어버리지 않는 능력이 있습니다. 반면 그 감사를 잃어버리면 아무리 최고의 좋은 환경을 가졌다 할지라도 행복을 잃어버립니다.

결국 감사가 무너지면 아무리 좋은 환경에서도 행복이 무너지고 감사가 회복되면 아무리 비참한 현실 앞에서도 행복을 누릴 수 있습니다.

무엇보다도 이 감사는 하나님을 믿는 신앙생활과도 직결되어 있습니다. 그래서 감사가 무너지면 우리들의 신앙도 무너지게 되어 있습니다.

우리 그리스도인들은 모든 역사와 환경을 주관하시는 분이 하나님이라고 믿는 사람들입니다. 그 하나님은 창조주 하나님이시며 전능하신 하나님이십니다. 그리고 무엇보다도 우리를 죽기까지 사랑하셨던 사랑의 하나님이십니다.

이 사실을 믿는다면 지금 우리가 겪는 모든 환경 또한 역사와 환경을 주관하시는 하나님의 계획임을 알 수 있습니다. 그런데 우리는 우리 삶에 어려움이 찾아오게 되면 그 어려움을 허락하신 하나님의 뜻을 알기도 전에 원망과 불평부터 하기 시작합니다. 감사가 무너지면 하나님에 대한 절대적인 신앙도 무너지는 것입니다.

이처럼 중요한 감사를 우리는 잘 깨닫지 못하고 살아왔습니다. 그저 고마움에 대한 마음이나 인사 정도를 감사로 생각했었습니다.

감사는 행복과 연결되어 있습니다. 감사의 크기가 행복의 크기입니다. 더욱이 감사는 하나님에 대한 절대적인 믿음과 연결되어 있습니다. 그래서 우리는 그 중요한 감사를 배워야 합니다.

뉴질랜드 땅에서 유학생 사역을 시작한 지 20년째를 맞고 있습니다. 어렵고 힘든 유학생 사역에서 잊지 못하는 감사의 고백이 있습니다.

"목사님, 저 영어 배우러 왔지만 영생 얻고 갑니다."

'영어 배우러 왔지만 영생 얻고 갑니다'라는 감사의 고백이 저로 하여금 이 어려운 20년 유학생 사역을 감당할 수 있는 힘을 얻게 했습니다.

감사는 이처럼 다른 사람들의 기쁨과 활력소 그리고 삶의 의미들을 더욱더 찾아갈 수 있도록 돕는 역할을 하게 됩니다.

하나님께는 영광이 되며 나 자신은 큰 행복을 맛보며 다른 사람들에게는 큰 위로와 기쁨을 안겨다 주는 이 감사를 모두가 경험했으면 합니다. 감사를 경험해야 천국의 기쁨을 누릴 수 있습니다. 그런데 이 감사는 저절로 생겨나는 것이 아닙니다. 감사도 배워야 합니다.

유대인들에게 전해 내려오는 가르침이 기억납니다. "'감사합니다' 라는 말이 아이의 입에 익숙해지기 전에는, 아이에게 아무 말도 가르치지 말라"는 가르침입니다.

감사 없이 예배할 수 없습니다. 감사 없이 효도할 수도 없습니다.

제일 불행한 삶은 감사가 없는 삶이며 제일 행복한 삶은 감사가 있는 삶입니다.

감사가 무너지면 다 무너지고 감사가 회복되면 다 회복됩니다. 이 말을 꼭 기억하여 가정에서, 교회에서 그리고 개인들이 이 책을 통하여 감사를 배우고 감사를 실천하여 모두가 다 천국의 기쁨 누리시기를 간절히 소망해 봅니다.

차례

프롤로그   ··· 5

I. 감사 오리엔테이션

a. 감사를 배워 보신 적이 있으십니까?   ··· 14

b. 왜 감사를 배우지 않으셨습니까?   ··· 18

c. 감사는 하나님께서 강조하시는 신앙의 핵심요소입니다 ··· 21

d. 감사도 훈련을 필요로 합니까?   ··· 23

e. 감사는 그냥 고마운 마음이나 깨달음 아닙니까?   ··· 25

f. 감사가 무너졌습니까? 그럼 다 무너진 것입니다   ··· 28

g. 감사를 전문적으로 배워 보지 않으시렵니까?   ··· 31

h. 감사훈련 교재를 이렇게 사용하십시오   ··· 34

i. 감사를 표현하는 훈련을 꼭 하십시오   ··· 36

Ⅱ. 감사훈련학교

제1과 감사로 무장하라   ··· 40

제2과 감사는 능력이다   ··· 54

제3과 감사는 하나님을 영화롭게 한다   ··· 70

제4과 감사는 제로(Zero)에서 시작한다   ··· 82

제5과 감사는 하나님의 뜻이다   ··· 96

제6과 없을지라도 감사하라   ··· 110

제7과 고난 당함에 감사하라   ··· 124

제8과 용서가 감사를 낳는다   ··· 140

제9과 불평은 감사의 적이다   ··· 158

제10과 비교의식은 감사를 무너뜨린다   ··· 174

제11과 나의 약함을 감사하라   ··· 194

제12과 표현해야 감사다   ··· 212

감사의 글   ··· 229

I

감사 오리엔테이션

a

감사를 배워 보신 적이 있으십니까?

감사는 '느낄 감(感)', '사례할 사(謝)'로 표현되고 있습니다. 누군가에 대해 고마움을 나타내는 인사 또는 마음이 감사입니다. 그런데 이 감사는 하나님을 믿는 신앙생활과 직결되어 있습니다. 감사는 구원받은 인간들을 향하신 하나님의 강력한 요구이기도 합니다.

성경에서 감사에 대한 가장 기본적인 요구 사항이 있다면 바로 "범사에 감사하라"(살전 5:18)입니다. 여러분들은 범사에 감사할 수 있습니까? 이 말은 생각보다 쉬운 일이 아닙니다. 왜냐하면 범사라는 말은 모든 상황을 뜻하기 때문입니다.

인간의 삶에는 기쁨도 있지만 슬픔도, 괴로움도 많이 있습니다. 성경은 모든 일에 감사를 명령하고 계십니다. 그렇다면 자녀의 죽음 앞에서도, 극한 가난과 실패 앞에서도 그리고 죽음과 질병의 견딜 수 없는 고통 속에서도 감사를 고백할 수 있습니까? 성경은 그것을 요청하고 있습니다.

정말 이렇게 어려운 환경 속에서도 감사가 고백될 수 있을까요? 결론적으로 말하자면 가능합니다. 충분히 할 수 있습니다. 그것을 가능케 하기 위한 조건이 있다면 하나님의 말씀으로 돌아가야 한다는 것입니다. 성경은 범사에 감사할 수 있는 능력을 곳곳에서 소개하고 있습니다. 그 가운데 하나를 꼽으라면 모든 것이 협력하여 선을 이룬다는 말씀입니다.

우리가 알거니와 하나님을 사랑하는 자 곧 그의 뜻대로 부르심을
입은 자들에게는 모든 것이 협력하여 선을 이루느니라(롬 8:28)

바울은 하나님의 속성을 그 누구보다도 잘 알고 있는 사람입니다. 바울은 악을 선으로 바꾸시고 아픔을 복으로 바꾸실 수 있는 하나님에 대한 절대적인 믿음이 있었습니다. 모든 것이 협력하여 선을 이루시게 하시는 사랑의 하나님을 확실히 믿었습니다. 그렇기에 감옥에서도 하나님께 감사하며 감옥 밖에 있는 성도들을 향하여 항상 기뻐할 것과 기도할 것과 감사할 것을 교훈할 수 있었습니다.

감사에 대한 연구는 일반 사회 속에서도 진행되어 온 일입니다. 많은 사람들이 이미 감사의 긍정적인 효과를 알고 있습니다. 분명 감사를 하는 사람은 감사를 하지 않는 사람들보다 삶의 만족도가 훨씬 높다는 것이 감사에 대한 연구결과입니다.

교회적인 측면에서도 마찬가지입니다. 감사를 훈련 받은 그룹은 감사를 훈련 받지 않은 그룹에 비해 항상 기쁨이 충만하고 언어생활에 있어서 긍정적인 면을 많이 갖게 됩니다. 이뿐 아니라 감사를 교육 받은 그룹들은 교회에서 봉사를 할 때도 억지가 아닌 자원하는 마음으로 섬기게 됨이 연구 결과에 나타났습니다.

이처럼 감사는 선한 영향력을 많이 가지고 있습니다. 그런데 현실에서는 하나님을 향한 절대적인 믿음과 연결되어 있고 많은 선한 영향력이 있다는 그 감사에 대해서 체계적으로 배우지 못하고 있습니다. 물론 감사를 배운다고 해서 다 감사의 삶을 실천하는 것은 아닙니다. 그러나 분명한 것은 감사를 배우고 훈련 받은 자와 그렇지 않은 자들은 큰 차이가 있다는 것입니다.

감사는 성경이 중요시하는 큰 핵심 가치 중의 하나입니다. 안타까운 것은 큰 핵심 가치임에도 불구하고 많은 사람들은 감사라는 것을 그렇게 중요하게 취급하지 않고 있다는 것입니다. 교회 안에서 진행되는 훈련 프로그램만 살펴봐도 쉽게 알 수 있습니다.

감사와 신앙은 직결되어 있습니다. 감사는 하나님을 향한 절대적인 믿음의 반응입니다. 그럼에도 불구하고 교회에서 접하는 감사는 일년에 한 번 추수감사절에 진행되는 감사 설교 한 편이 감사훈련의 전부가 되어 버렸습니다.

감사 없이 예배가 진행될 수 없고, 감사 없이 믿음의 삶을 살아갈 수 없습니다. 더욱이 감사 없이 수준 높은 영적 성장의 삶을 살아갈 수 없습니다. 신앙을 위해서 많은 성경공부 프로그램이 있지만 감사는 그 신앙훈련 과목에 있지 않습니다. 너무 중요한 신앙의 덕목이지만 다른 프로그램에 밀려서 감사를 배울 수 있는 기회가 없는 것이 오늘날의 현실입니다.

b

왜 감사를 배우지 않으셨습니까?

감사는 하나님의 은혜를 인식하는 통로입니다. 그래서 감사와 은혜는 동일어와 같습니다. 은혜를 은혜로 인식한 사람만이 할 수 있는 것이 감사입니다.

우리는 누군가에게 그 무엇을 받았을 때에 감사를 느낍니다. 그렇기에 감사는 우리가 무엇을 받았다는 인식에서 출발합니다. 여러분들은 하나님께 무엇을 받았습니까? 정말 그 무엇을 받았다고 느껴지십니까?

그리스도인들에게 있어서 가장 큰 은혜는 죄로 말미암아 지옥에 갈 운명인 인간이 하나님의 절대적인 은혜로 구원 받은 사건입니다. 우리가 하나님으로부터 죄 사함 받고 영원한 생명을 선물로 받았다면 그 받음에 대한 깨달음이 '은혜'이며 그 은혜에 대한 반응이 바로 '감사'가 되는 것입니다.

받은 자는 감사해야 마땅합니다. 기독교 신앙의 기본은 은혜에 대한 인식이며, 은혜에 대한 마땅한 반응이 감사입니다. 감사를 하는 행위는 무엇인가를 정확히 받았다는 결과물입니다. 아무것도 받은 것이 없다고 생각하면서 감사하기는 어렵습니다. 그러나 누군가에게 무엇을 받은 것이 확실하다면 감사를 표현함이 마땅합니다.

하나님은 인간에게 사랑을 주셨고 생명을 주셨습니다. 인간이 살아갈 수 있도록 모든 환경들을 주셨습니다. 하루하루의 삶은 거저 얻은 삶이 아니라 하나님께서 인간에게 주신 선물입니다. 이 하루라는 것을 하나님께로부터 받았다는 확신은 감사를 통해서 표현되게 됩니다. 그러므로 감사는 인간이 하나님께로부터 무엇인가를 받았다는 확신에 대한 반응입니다.

신앙생활을 함에 있어서 '믿음이 좋다'는 기준은 다양합니다. 때로는 기도의 삶으로, 예배의 삶으로, 헌신의 삶으로 신앙심의 척도를 가늠해 볼 수 있습니다. 물론 신앙심의 척도를 인간이 잴 수 있는 자격은 없습니다. 인간은 외모만 보고 그 중심은 볼 수 없기 때문입니다. 그러나 척도의 기준 중에 하나를 꼽는다면 바로 감사입니다.

성경에서 말하는 감사를 이해하고 그 감사를 삶 속에서 적용하는 자는 분명히 환경에 따라서 쉽게 원망이나 불평을 하지 않을 것입니다. 그 이유는 모든 환경과 역사를 주관하시는 분이 하나님이라는 절대적인 믿음이 있기 때문입니다. 이 믿음이 결국은 하나님의 뜻을 믿기에 어떠한 환경에서라도 감사를 찾게 되는 것입니다.

그리스도인들이 감사의 삶을 살게 되면 반드시 하나님의 주권을 인정하는 삶을 살게 됩니다. 마태복음 10장 29절에 보면 "참새 두 마리가 한 앗사리온에 팔리지 않느냐. 그러나 너희 아버지께서 허락하지 아니하시면 그 하나도 땅에 떨어지지 아니하리라"라고 기록하고 있습니다. 이것은 지금 진행되고 있는 모든 인생들에게 벌어지는 사건 하나하나가 결국 하나님의 주권 안에 있다는 것을 말합니다.

그리스도인들이 감사의 중요성을 깨닫고 감사의 삶을 신앙과 연결짓게 된다면 모든 환경의 변화를 주도하는 하나님께 집중하게 될 것입니다. 하나님께 집중하는 인생은 하나님을 절대적으로 신뢰하는 자입니다. 하나님께 집중하는 자는 감사를 삶 속에서 적용하며 살아가기에 성숙된 신앙심을 갖게 됩니다. 감사가 이처럼 믿음의 척도, 신앙의 척도가 되는데 우리는 왜 감사에 대한 중요성을 깊이 깨닫지 못하는 것일까요? 왜 이렇게 중요한 감사에 대해서 우리가 배우지 않았을까요?

C

감사는 하나님께서 강조하시는 신앙의 핵심요소입니다

감사의 중요성은 하나님의 명령에서부터 시작됩니다. '감사(thanks)' 라는 단어와 동종어인 'thankful, thankfulness, thanksgiving' 등은 구약성경 및 신약성경에 177번 이상 등장합니다. 그리고 '감사하라'는 명령형의 말은 33번이나 등장합니다.

이스라엘 백성이 지키는 3대 절기가 있습니다. 유월절과 맥추절 그리고 초막절입니다. 이 절기는 이스라엘 백성들을 향하신 하나님의 명령입니다. 또한 이 절기는 모두 하나님께 드리는 감사와 같은 맥락을 가지고 있습니다.

'유월절'은 출애굽을 기념하기 위한 절기로서 해방을 주신 하나님께 감사드리는 것입니다. 430년 동안 애굽의 노예로 살았던 이스라엘 백성들을 구원한 그날을 기억하면서 그 구원을 허락해 주신 하나님을 향한 감사를 기억하라는 절기입니다.

맥추절은 밭에 뿌린 것의 첫 열매를 하나님께 드리는 첫 열매의 절기입니다. 신명기 16장 10, 16절에서 칠칠절이라고 하는 것은 곡식에 낫을 대는 첫날부터 칠 주를 계수하였기 때문입니다. 이것은 모든 양식은 하나님이 주셨다는 감사의 표시로서 명령적 감사를 뜻합니다. 한 해의 수확을 끝낸 기쁨 속에서 그 수확을 가능케 해 주신 하나님께 기뻐하며 감사드리는 축제입니다. 그렇기에 맥추절을 지키라는 것은 하나님의 명령적 감사가 됩니다.

초막절은 출애굽 사건과 역사적인 관계를 갖고 있습니다. 이스라엘 백성들이 광야에서 초막을 지으며 살아가는 것을 기억하는 절기입니다. 이 초막절을 통해서 과거 광야 가운데서 살 수 있는 유일한 방법은 하나님의 절대적 도우심과 은혜였음을 말해 주고 있습니다.

이 세 가지 절기만 보더라도 감사는 하나님의 명령이며 신앙의 핵심 요소가 됩니다. 감사는 단순한 인사를 뛰어넘어 인간을 향하신 하나님의 명령이며 뜻입니다. 그렇기에 감사가 무너지면 하나님을 향한 절대적인 신앙이 무너지는 것입니다. 감사는 신앙과 직결되어 있으므로 우리 모두가 다시금 감사의 중요성을 깨달아야 합니다.

d

감사도 훈련을 필요로 합니까?

인간은 감사를 하도록 자연적으로 프로그램화되지 않았습니다. 하나님께서 인간에게 주신 자유의지로 인하여 똑같은 환경을 경험하면서도 누구는 감사를 깨닫고 누구는 감사를 깨닫지 못하며 살아가고 있습니다.

하나님께서는 성경을 통해서 감사를 명령하시지만 명령만 하시지 않고 어떻게 감사를 해야 하는지 감사를 가르치시며 훈련시키셨음을 알 수 있습니다. 레위기는 제사법을 많이 다루고 있는 책입니다. 하나님께 제사를 드릴 때에 어떻게 제물을 바쳐야 하는지 상세히 설명하고 있습니다. 이것은 하나님께서 가르쳐 주시는 감사훈련과 연결됩니다. 제사의 방법이나 제물을 잡아 예물로 드리는 방법들을 하나하나 설명하고 제시하고 있다는 것은 구체적으로 감사를 어떻게 행해야 하는지 가르쳐 주고 있다는 것을 의미합니다.

제사법은 사실 감사법입니다. 감사를 막연히 드리는 모습이 아니라 구체적으로 하나하나 말씀하시는 이유는 하나님께서 감사를 가르치는 것이며 그것대로 지키기 원하시는 하나님의 뜻으로 간주됩니다. 신명기에서는 가나안 땅이 가까워 오자 출애굽 여정들을 회고하면서 모세는 광야 2세대에게 가나안 땅에 정착하게 될 때에 지켜야 할 세부적인 사항들을 말하였습니다.

특별히 신명기 26장은 신앙고백문으로 기록되어 있는데 그 주제는 바로 감사입니다. 하나님께서 이스라엘 백성을 택하시고 애굽 땅에서 구원하셨음에 대한 감사의 고백문입니다. 그런데 신기한 것은 모세가 광야 2세대들에게 가나안 땅에 들어가서 실행해야 할 일들을 가르치고 있는데 가르칠 때 제일 먼저 가르친 것이 바로 그 땅의 첫 열매를 여호와 하나님께 드려야 한다는 것입니다.

아직 가나안 땅에 입성하지도 않았고 추수하지도 않았는데도 미리 감사를 가르치고 있습니다. 이는 곧 앞으로 정착하여 살게 되는 가나안 땅에서 어떻게 감사기도를 해야 하는지에 대한 감사훈련을 시키고 있는 것입니다. 이처럼 성경은 감사를 명함에 있어서 감사훈련까지도 명하고 있습니다. 그렇기에 우리도 감사를 훈련 받아야 합니다.

e

감사는 그냥 고마운 마음이나 깨달음 아닙니까?

감사는 마음에서 하게 됩니다. 그런데 마음만으로 하는 감사는 온전한 감사가 되지 못합니다. 감사는 마음에서 시작되지만 마음으로 시작된 감사는 표현되어야 진정한 감사로 쓰임 받을 수 있는 것입니다.

누가복음 17장에는 열 명의 문둥병자 이야기가 나옵니다. 당시 문둥병 환자는 마을 밖에 격리되어야만 했고 다른 사람을 만나게 되면 스스로 문둥병자임을 알리기 위해 '부정하다, 부정하다'고 외치며 살아야 되는 비참한 인생이었습니다. 이 열 명의 간절한 소망을 예수님께서 들어주셨습니다. 그런데 그 열 명 중에 단 한 명만 예수님께 찾아와 감사를 고백했고 나머지 아홉은 감사를 고백하지 않았습니다. 분명 고침 받은 9명도 예수님을 향하여 감사하는 마음은 들었을 것입니다. 그러나 행동으로 표현되지 않은 감사는 진정한 감사로 볼 수 없습니다.

오늘날 감사가 사라져 버렸다는 것은 구체적으로 말하면 감사표현이 사라졌다는 말과 같습니다. 감사는 하지만 행동으로 표현이 되지 못하였기에 많은 이들이 감사의 능력을 경험하지 못하는 것입니다.

감사는 그 마음이 중요하지만 마음만으로는 감사를 표현하기에 충분하지 않을 때가 있습니다. 성경은 감사가 감사 될 수 있도록 그 감사에 합당한 표현을 요구하고 있습니다.

너는 무교병의 절기를 지키라. 내가 네게 명령한 대로 아빕월의 정한 때에 이레 동안 무교병을 먹을지니 이는 그 달에 네가 애굽에서 나왔음이라.
빈손으로 내 앞에 나오지 말지니라(출 23:15)

하나님의 은혜로 출애굽 할 수 있었던 것을 기억하기 위하여 유월절을 명하셨다고 말씀드렸습니다. 유월절 절기의 기억은 감사의 요구입니다. 또한 그 감사의 요구에는 "빈손으로 내 앞에 나오지 말라"는 하나님의 요구사항이 있습니다. 무엇을 뜻하는 것입니까? 이는 감사에 합당한 표현으로 감사가 감사 되게 하라는 것입니다.

반면 구약성경 말라기에는 하나님께서 이스라엘 백성이 여호와께 드리는 감사표현에 대노하시는 장면이 나옵니다.

만군의 여호와가 이르노라. 너희가 눈 먼 희생제물을 바치는 것이 어찌 악하지 아니하며 저는 것, 병든 것을 드리는 것이 어찌 악하지 아니하냐. 이제 그것을 너희 총독에게 드려 보라. 그가 너를 기뻐하겠으며 너를 받아 주겠느냐(말 1:8)

감사를 베푸신 그 은혜에 합당한 표현이 되지 않을 때에는 사람도, 하나님도 격노할 수밖에 없음을 말해 주고 있습니다. 하나님은 사람에게 있어서 감사표현을 받기 위해서 은혜를 베푸시는 것이 아닙니다. 전적인 사랑이며 전적인 은혜입니다. 그러나 베푸신 은혜에 대한 반응을 통해 하나님은 인간을 평가하시며 복을 결정하게 됩니다. 그렇기에 감사표현은 하나님께도 중요하며 사람께도 무척이나 중요한 반응입니다.

f

감사가 무너졌습니까? 그럼 다 무너진 것입니다

감사는 하나님을 기쁘시게 하는 신앙행위이며 하나님의 은혜를 크게 인식하는 방편입니다. 오늘날 감사의 부재는 은혜를 깨닫지 못한 결과입니다. 예수 그리스도의 희생으로 말미암아 얻게 된 은혜임에도 불구하고 그 은혜가 은혜로 다가오지 않도록 방해하는 것이 바로 감사의 부재입니다.

우리 그리스도인들에게 있어서 진정한 감사는 바로 대속의 은혜에 대한 감사이며, 그 은혜를 인식하는 것입니다. 그리스도의 죽음과 부활 덕분에 인간은 죄에서 해방되어 마침내 생명으로 들어가게 됩니다. 인간이 예수님을 향하여 "감사합니다. 주님!"이라고 고백하는 순간, 이 감사의 순간이 바로 이 땅에서 하는 모든 일들의 목적이며 신앙의 목적이 되는 것입니다.

나는 비천에 처할 줄도 알고 풍부에 처할 줄도 알아 모든 일 곧 배부름과 배고픔과 풍부와 궁핍에도 처할 줄 아는 일체의 비결을 배

웠노라(빌 4:12)

사도 바울은 감사의 비밀을 깨달은 사람입니다. 감사의 비밀을 깨
달았기에 빈곤에 처하거나 비천에 처하거나 어떤 상황 가운데서도
감사하며 만족하는 사람이 된 것입니다.

> 다니엘이 이 조서에 왕의 도장이 찍힌 것을 알고도 자기 집에 돌
> 아가서는 윗방에 올라가 예루살렘으로 향한 창문을 열고 전에 하
> 던 대로 하루 세 번씩 무릎을 꿇고 기도하며 그의 하나님께 감사
> 하였더라(단 6:10)

다니엘의 감사신앙은 하나님을 향한 절대적인 믿음에서 출발하게
됩니다. 다니엘의 지혜와 총명이 바벨론의 박사와 술객들보다 뛰어
나다 보니 다른 총리들과 방백들이 다니엘의 지위를 시기하여 다니
엘의 기도생활을 빌미삼아 다니엘을 없애려는 음모를 세우게 됩니
다. 누구든지 삼십 일 동안 왕 외에 어느 신이나 사람에게 무엇을 구
하면 사자 굴에 던져 죽임을 당하게 하는 조서를 내린 것입니다. 이러
한 때에 다니엘은 매일 하루에 세 번씩 예루살렘을 향하여 기도하던
습관 그대로 기도를 하되 감사기도를 드렸습니다.

생명의 위협이 찾아오는 극한 환경에서의 감사는 바로 하나님을 향
한 절대적 믿음에서 출발하게 됩니다. 하나님을 향한 절대적인 믿음

이 있으니 그는 그 어떤 환경 앞에서도 절망하지 않고 근심하지 않고 오히려 생명을 건 감사기도를 드릴 수 있었습니다. 감사가 바로 하나님을 향한 절대적 믿음의 회복입니다. 그렇기에 감사가 무너지면 다 무너지는 것이요, 감사가 회복되면 모든 것이 다 회복되는 것입니다.

g

감사를 전문적으로 배워 보지 않으시렵니까?

감사를 많이 하는 사람은 하나님과의 관계는 물론 사람과의 관계에서 친사회적인 효과를 일으켜 우리 마음의 독소인 미움, 시기, 질투, 분노, 증오, 이기심, 방탕 등을 선하게 해결할 수 있는 능력을 얻게 됩니다.

또한 감사가 곧 믿음으로 연결된다는 것을 깨달았다면 영적으로 성장할 수 있는 최상의 기회를 얻을 수 있는 것이 바로 감사훈련입니다.

> 그리스도의 평강이 너희 마음을 주장하게 하라. 너희는 평강을 위하여 한 몸으로 부르심을 받았나니 너희는 또한 감사하는 자가 되라(골 3:15)

그리스도의 평강은 그리스도께서 주시는 평강이며 이 평강은 감사와 밀접한 관계를 가지고 있습니다. 그렇기에 사도 바울은 우리로 하여금 감사하는 자가 되라고 말씀하고 있습니다.

무디의 대를 이은 성령의 사람 R. A. 토리 박사는 "감사 충만이 곧 성령 충만이다"라고 했으며, 스펄전 역시 "하늘을 향한 감사 그 자체가 기도"라고 했습니다.

> 아무것도 염려하지 말고 다만 모든 일에 기도와 간구로, 너희 구
> 할 것을 감사함으로 하나님께 아뢰라. 그리하면 모든 지각에 뛰어
> 난 하나님의 평강이 그리스도 예수 안에서 너희 마음과 생각을 지
> 키시리라(빌 4:6~7)

염려에 대한 치료 방법은 기도와 간구를 통해서 이루어집니다. 그런데 이 간구에 대한 응답의 조건이 바로 감사입니다. 염려함을 감사함으로 바꾸어 기도하면 하나님의 평강이 인간의 마음과 생각을 지키시는 기적을 경험하게 됩니다.

감사 없이는 예배를 드릴 수 없습니다. 감사 없이는 믿음의 삶을 살아갈 수도 없습니다. 이렇게 중요한 감사라는 덕목이 다른 신앙의 성경공부에 밀려서 가르침을 받을 기회가 없었습니다. 이제 하나님의 말씀을 통해서 12주 동안 감사의 여행을 시작해 보길 원합니다.

감사훈련에 있어서 중요한 것은 지식적인 습득에만 머물러 있으면 소용이 없다는 것입니다. 감사를 배우고 그 감사를 깨닫고 감사의 대상을 찾아 직접 감사를 표현하는 숙제를 한 과, 한 과 해 나갈 때에 여

러분들은 진정한 감사의 능력을 경험할 수 있을 것입니다. 이제 기대를 가지고 멋지게 감사훈련학교에 입학하여 감사의 능력을 경험해 보시기 바랍니다. 분명 인생이 달라집니다. 가정이 달라집니다. 자녀가 변화하고 교회 공동체가 성숙한 믿음을 가지고 사랑과 섬김을 기꺼이 실천할 것입니다.

h

감사훈련 교재를 이렇게 사용하십시오

첫 번째, 감사훈련은 '감사훈련학교'라는 교과목으로 수강생을 모집하여 소그룹별로 진행합니다. 감사 오리엔테이션을 제외한 총 12주 과정으로 구성되어 있습니다. 소그룹으로 진행 시 첫날은 감사 오리엔테이션을 읽어 가며 감사의 중요성을 먼저 깨닫습니다. 소그룹이 아닌 개인별 또는 가족별로 진행해도 큰 유익이 있습니다. 단, 감사훈련의 필수사항인 '감사표현'을 생략하면 절대 안 됩니다. 감사표현이 생략되면 감사에 대한 지식적인 충족밖에는 되지 않기에 꼭 감사표현 숙제를 한 주, 한 주 진행하셔야 합니다.

두 번째, 감사훈련학교는 우선 개인이 집에서 그날 배울 학습 내용을 미리 읽어 오는 것을 원칙으로 합니다. 읽을 때는 반드시 도전과 깨달음을 주는 내용들에 줄을 치며 그 의미들을 한 번 더 묵상하는 시간을 가집니다. 감사훈련학교 모임에서는 매 과 마지막에 제시된 '감사나눔' 질문에 따라 대화를 나누시면 됩니다. 감사나눔에 제시된 질문에 따라 대화를 나누다 보면 감사가 감사를 낳는 놀라운 경험을 하게 될 것입니다.

세 번째, 소그룹으로 모일 때에 감사에 관련된 찬양을 함께 드리는 것도 효과적입니다. 추천하는 감사 찬양은 〈감사(오늘 숨을 쉬는 것 감사)〉입니다.

오늘 숨을 쉬는 것 감사 나를 구원하신 것 감사 내 뜻대로 안 돼도 주가 인도하신 것 모든 것 감사… 주님 감사해요 주님 감사해요 내가 여기까지 온 것도 은혜입니다…

네 번째, 매일 감사일기를 써야 합니다. 감사일기를 쓸 때는 가급적 반복 없이 감사를 찾아 가면서 감사한 것 5가지를 적습니다. 주변 인물에서 감사 찾기, 주변 사물이나 환경에서 감사 찾기, 자기 자신에게 일어난 사건이나 느낌을 통해서 감사 찾기 등 다양한 감사의 내용을 찾으면 찾을수록 더 많은 은혜를 경험하게 될 것입니다.

i

감사를 표현하는 훈련을 꼭 하십시오

학습자는 매 한 과, 한 과를 끝낼 때에 감사 대상을 선정하여 감사의 대상에게 감사를 표현해야 합니다. 감사의 대상은 매 과마다 지정해 주고 있으나 혹 어려우면 누구든지 감사의 대상을 찾아서 감사를 표현해 주시기 바랍니다. 이 감사표현 없이 다음 과로 넘어가면 절대 안 됩니다. 그 이유는 감사훈련은 곧 감사표현 훈련이기 때문입니다.

감사를 표현할 때는 손 편지를 이용하면 효과적입니다. 손 편지와 함께 선물을 준비하여 감사를 표현해 보십시오. 때로는 격려를 전하는 작은 쪽지와 간단한 음료수를 전하는 것만으로도 큰 감동을 받을 때가 있습니다.

감사표현은 상대방으로 하여금 감동을 이끌어 내는 훈련이기도 합니다. 내게 은혜를 베푸신 분에게 어떻게 하면 감동을 선물할 수 있을까를 고민할 때에 감사의 진정성이 전달됩니다. 때로는 물질이 들어가기도 합니다. 그래서 부담감으로 다가올 수도 있지만 자신이 할 수 있는 범위에서 기쁨으로 하시면 됩니다.

　우리가 기억해야 할 것은 감사표현을 받을 그분은 여러분들의 선물을 요구하는 분도 아니고, 그 선물을 필요로 하는 분들도 아니라는 것입니다. 그러나 정말 감사하다면 감사한 만큼의 최선을 다하는 모습은 꼭 필요합니다. 사랑하는 사람에게 돈을 쓰는 것을 아까워한다면 그것은 그를 사랑하지 않은 까닭입니다. 마찬가지로 감사하는 분께 돈 쓰기를 아까워한다면 그것은 아직 감사를 깨닫지 못했다는 증거가 됩니다. 한번 마음 다해 진심으로 감사를 고백해 보십시오. 나의 감사표현이 나를 행복하게 만들고 상대방을 행복하게 만들어 우리가 살고 있는 이 세상이 얼마나 아름다운지 모두가 경험하게 될 것입니다.

II

감사훈련학교

제1과

감사로 무장하라

너는 이것을 알라. 말세에 고통하는 때가 이르러 사람들이 자기를 사랑하며 돈을 사랑하며 자랑하며 교만하며 비방하며 부모를 거역하며 감사하지 아니하며 거룩하지 아니하며 무정하며 원통함을 풀지 아니하며 모함하며 절제하지 못하며 사나우며 선한 것을 좋아하지 아니하며 배신하며 조급하며 자만하며 쾌락을 사랑하기를 하나님 사랑하는 것보다 더하며 경건의 모양은 있으나 경건의 능력은 부인하니 이같은 자들에게서 네가 돌아서라(딤후 3:1~5)

이스라엘의 지혜서인 『탈무드』를 보면 "이 세상에서 가장 부유한 사람은 자신이 가진 것을 만족하면서 항상 감사하며 사는 사람이다"라고 했습니다. 결국 자신이 현재 가지고 있는 것을 만족하면서 항상 감사하는 사람이 제일 부유하고 행복한 사람이라는 것입니다.

우리는 행복해서 감사한 것이 아니라 감사해서 행복한 사람이 되어야 합니다. 이것은 우리를 향하신 하나님의 뜻이기도 합니다. 가장 축복 받는 사람이 되려면 가장 감사하는 사람이 되어야 합니다. 왜냐하면 행복은 감사하는 마음이며 감사의 크기가 행복의 크기이기 때문입니다.

감사가 큰 축복이며, 행복한 삶을 이끄는 원동력임에도 불구하고 왜 우리는 감사하지 못하며 살아가고 있습니까?

디모데후서 3장 1~5절은 말세에 나타날 죄악들을 설명하고 있습니다. 사도 바울은 말세에 나타날 사람들의 도덕적 타락상을 예시하면서 이러한 말세의 상황을 디모데가 명확히 깨닫기를 바랐습니다. 더불어서 디모데가 하나님을 진심으로 섬기지 않는 자들로부터 구별되기를 강력히 권고하는 내용이기도 합니다.

바울은 말세에 나타나는 현상을 19가지로 묘사하고 있습니다. 자기 자신을 사랑하는 사람, 돈을 사랑하는 사람, 자기 능력을 더 신뢰하는 사람, 교만한 사람, 남을 비방하는 사람, 부모를 거역하는 사람, 감사치 않는 사람, 거룩하지 않는 사람, 무정한 사람, 원통함을 풀지 않는 사람, 남을 모함하는 사람, 절제하지 않는 사람, 사나운 사람, 선한 것을 좋아하지 않는 사람, 배신하는 사람, 조급한 사람, 자만한 사람, 하나님보다 쾌락을 더 사랑하는 사람, 경건의 모양은 있으나 경건의 능력을 부인하는 사람이 말세에 나타나는 사람들의 특징입니다.

성경은 이 같은 자들을 향하여 "돌아서라"고 말하고 있습니다. 왜 하나님께서 이 같은 자들을 향하여 돌아서라고 하셨습니까? 그 이유는 이렇게 나열된 죄악들이 너무 크기 때문입니다. 그런데 이렇게 큰 죄악 중에 '감사하지 않음'이 포함되어 있습니다.

만약 이 사회에 감사함이 사라진다면 어떤 모습이 예상되십니까? 아마도 감사가 없으면 감사가 주는 감격과 기쁨이 없고 평안과 자유함이 없을 것이며 매사에 원망과 불평으로 인하여 자신의 삶은 피폐해질 것입니다. 또한 다른 사람들과의 관계성에도 큰 어려움을 겪게 될 것입니다.

감사가 주는 유익은 상상할 수 없을 정도로 큽니다. 무엇보다도 감사는 하나님을 믿는 절대적인 신앙과 연결되어 있음을 기억하셔야 합니다. 하나님에 대한 절대적인 신뢰가 있다면 지금의 어떠한 상황 속에서도 하나님의 계획을 믿기에 감사할 수 있는 것입니다. 만약 주변에 감사가 없고 원망과 불평이 가득한 분들이 계시다면 여러분들은 그들과의 만남을 멀리해야 할 것입니다. 왜냐하면 원망과 불평은 강력한 전염병이기에 여러분들의 삶에 감사를 무너뜨려 하나님과 멀어지게 하기 때문입니다. 성경은 감사치 않는 자들에게서 강력히 돌아서기를 명하고 계십니다. 그렇다면 왜 사람들은 감사치 않을까요?

존귀하나 깨닫지 못하는 사람은 멸망하는 짐승 같도다(시 49:20)

우리가 감사하지 않는 이유 가운데 하나는 감사에 대한 깨달음이 무지하기 때문입니다. 성경은 깨닫지 못하는 사람은 멸망하는 짐승과 같다고 말해 주고 있습니다. 감사는 깨달음이 있어야 합니다. 감사가 없는 것은 깨닫지 못했기 때문입니다.

부모님께서 살아 계실 때에는 부모의 존재에 대해서 깊이 있게 감사하지 못하다가 부모님이 돌아가신 후에 부모 존재에 대한 큰 깨달음을 얻습니다. 본인이 자식일 때는 부모 사랑을 깨닫지 못하다가 본인이 자식을 낳아 키우면서 부모 사랑을 깨닫게 됩니다. 이처럼 깨달음은 삶 속에서 너무도 중요한 역할을 하게 됩니다. 또한 우리가 감사치 못하는 이유는 바로 우리들의 교만 때문입니다.

악인은 그의 교만한 얼굴로 말하기를 여호와께서 이를 감찰하지
아니하신다 하며 그의 모든 사상에 하나님이 없다 하나이다(시

10:4)

모든 창조물 속에 하나님의 섭리가 다 들어 있음에도 불구하고 교만한 자는 하나님이 없다는 생각으로 가득 차 있습니다. 하나님이 없다는 그 교만함 때문에 하나님께서 베풀어 주시는 은혜를 깨닫지 못하는 것이며 그 은혜를 깨닫지 못하기에 하나님께 감사하지 않는 것입니다.

> 하나님을 알되 하나님을 영화롭게도 아니하며 감사하지도 아니하고 오히려 그 생각이 허망하여지며 미련한 마음이 어두워졌나니(롬 1:21)

또한 우리가 감사하지 않는 이유는 우리들 마음 가운데 미련한 마음이 강퍅해졌기 때문입니다. 하나님의 은혜를 알면 알수록 하나님께 감사할 수밖에 없습니다. 그런데 마음이 강퍅하여 어둠에 사로잡혀 있다 보니 그 안에서 감사가 나오지 않습니다. 강퍅한 마음속에는 이미 사단이 자리하고 있기 때문입니다.

하나님께서 무엇을 주시든지 감사하는 사람에게는 마귀가 발붙일 자리가 없습니다. 그러나 우리가 원망하고 불평하는 마음을 가질 때 마귀가 찾아와 우리로 하여금 감사치 못하게 합니다.

사람들은 뭔가 일이 잘 이루어지고 나면 은혜를 쉽게 잊어버립니다. 옛 속담에 '원수는 물에 새기고 은혜는 돌에 새기라'는 말이 있습니다. 그런데 많은 사람들이 원수는 돌에 새기고 은혜는 물에 새겨 너무도 쉽게 은혜를 잊어버리게 됩니다. 100가지 은혜를 받았어도 1가지 섭섭함이 있으면 배신하고 떠나는 동물이 인간입니다. 잘되면 제 탓으로 돌리고 잘못되면 환경을 탓하고 주위 사람과 하나님을 탓하는 것이 인간입니다.

하나님을 믿는 사람은 반드시 하나님을 영화롭게 하며 감사하는 삶을 살아야 합니다. 하나님께 영광을 돌리며 감사하는 삶이 믿음의 삶입니다. 이 믿음의 삶을 살아갈 때에 우리는 행복한 존재가 됩니다.

그리스도인들은 하나님께서 주신 복을 독차지해서는 안 됩니다. 하나님께서 우리에게 복을 허락해 주실 때에는 그 복을 다른 사람들에게 흘려보내야 하는 사명도 함께 주신 것입니다. 그래서 그리스도인들은 나를 위한 삶보다는 남을 위한 삶을 살 때에 진정한 행복과 가치를 느낍니다.

하나님께 영광을 돌리며 나도 행복하고 남도 행복한 삶을 살게 하는 것이 그리스도인의 삶입니다. 그렇다면 어떻게 하면 하나님께 영광을 돌리며, 남도 행복하고 나도 행복할 수 있을까요? 그것은 바로 감사입니다. 우리가 감사로 무장하는 삶을 살 때에 하나님께 영광을 돌리며 남도 기뻐하고 나도 행복한 삶을 살 수 있는 것입니다.

여러분들은 누군가에게 감사를 표현하며 행복감을 선물해 준 경험이 있으십니까? 반대로 누군가에게 감사표현을 받았을 때에 행복감을 느꼈던 적이 있으십니까? 우리 모두 누군가에게 감사를 표현하고 그 감사를 표현 받은 상대방이 기뻐할 때에 우리 마음속에 찾아오는 흐뭇한 행복감을 느낀 적이 있으리라 생각합니다.

감사는 하나님께 영광 올리는 행동입니다. 감사는 다른 사람들을 행복하게 만드는 매개체입니다. 그리고 그 감사는 나를 행복하게 만들면서 그리스도인다운 삶을 살아가게 하는 원동력이 됩니다. 이 감사가 우리 삶을 지배할 수 있도록 감사로 무장하시기를 바랍니다.

감사 Tip

여러분들은 상대적인 감사와 절대적인 감사의 차이를 아십니까? 상대적인 감사는 환경과 조건의 영향을 받습니다. 기분 좋으면 감사하고, 기분 나쁘면 불평합니다. 잘되면 감사하고 잘 안 되면 불평합니다. 자기 뜻대로 되면 감사하고 자기 뜻대로 안 되면 불평합니다. 그러나 절대적인 감사는 환경과 조건의 영향을 받지 않습니다. 우리를 죽기까지 사랑하셨던 그 하나님의 섭리를 믿기에 어떤 환경과 어떤 형편에서든지 감사합니다. 이것이 신앙입니다. 이것이 믿음입니다.

또한 우리는 '당연히 받는다'는 생각을 버리셔야 합니다. 사람들은 본인들이 지금 누리고 있는 평범한 일상들을 당연하다고 생각합니다. 내가 앉고, 걷고 하는 일상들, 내가 보고, 말하고, 듣고 하는 일상들, 내가 편안히 숨을 쉬고, 먹고, 배설할 수 있는 일상들이 당연한 것이라고 생각합니다.

무엇이든지 당연히 받는다는 생각을 하는 즉시 감사가 없어집니다. 감사가 없어지는 순간 기쁨도 사라지고, 축복도 사라지게 됩니다. 어제 자고 일어났더니 오늘 하루가 생기고, 오늘 하루 자고 일어나면 내일이 생길 것이라는 당연한 생각을 버리십시오. 이 당연함은 그 누군가에게는 평생의 소원이기도 합니다.

　감사가 무너지면 다 무너지고 감사가 회복되면 다 회복됩니다. 우리가 만약 누군가에게 초코파이 하나를 선물로 받았다고 가정합시다. 이 부분에 대해서 감사훈련을 시키면서 초코파이를 선물해 주신 분한테 감사를 표현하라고 한다면 누군가는 "뭐야, 고작 초코파이 하나 줘 놓고 무슨 감사를 표현하래"라고 생각할 수 있습니다. 그러나 이렇게 생각하는 순간 감사가 주는 복은 멀리 도망가게 되어 있습니다.

　감사훈련의 시작은 내가 받은 은혜를 크게 생각하는 것부터 출발합니다. '고작 초코파이 하나 줘 놓고 무슨 감사를 표현하래'가 아니라 초코파이 하나를 선물 받았다면 마치 초코파이 공장을 선물 받은 것처럼 기뻐하며 감사해 보십시오. 삶이 달라질 것입니다. 누군가에게 자장면 하나를 대접 받았다면 '고작 자장면 하나 사 줘 놓고 무슨 감사를 바래'가 아니라 마치 자장면 집을 통째로 선물 받은 것처럼 감사하며 그 감격을 표현해 보십시오. 그 감사가 여러분들 삶에 엄청난 복을 안겨다 주며 여러분 인생에 놀라운 변화를 선물로 안겨 줄 것입니다.

　감사가 무너졌다는 것은 감사표현이 무너진 것입니다. 사랑도 표현해야 사랑이듯 감사도 표현해야 감사가 됩니다. 감사표현은 감사훈련의 꽃입니다.

삶의 풍성한 열매를 원하십니까? 꽃이 핀 그 자리에 열매가 맺는다는 사실을 기억하시고 매 과마다 감사의 대상을 찾고, 감사의 대상에게 감사를 표현해야 합니다. 감사는 지식적인 깨달음으로만 가지고 있으면 감사의 능력을 경험할 수 없습니다.

하나님께 영광이 되며 남도 행복하고 나도 행복할 수 있는 그 감사를 표현해 보십시오. 감사표현 대상자를 선정하여 꼭 표현해 주십시오. 감사표현 없이 다음 과로 넘어가서는 안 되며 지금부터 감사일기를 작성하셔서 삶 속에서 감사할 거리를 찾아보는 훈련도 겸하시기 바랍니다. 감사일기 작성 시 매일 반복된 감사제목보다는 그날그날 주변 인물, 주변 사물 그리고 경험한 사건을 통해 감사를 찾아가는 훈련을 하시기 바랍니다.

감사표현 . . . .

이번 주 감사대상: 부모님

우리는 친한 사람일수록 감사표현이 너무 어색합니다. 가장 많이 감사를 표현해야 할 대상이 바로 부모님이심에도 불구하고 그러지 못하는 경우가 많습니다. 부모님의 은혜는 하나님의 은혜 그다음입니다. 많은 사람들은 부모님이 돌아가신 후 그 사랑을 깨닫습니다. 생존해 계실 때에 후회 없이 자주 감사를 표하십시오.

1. 감사가 주는 유익을 말해 보세요.

2. 왜 사람들은 감사하지 않을까요?

3. 감사가 사라진 세상은 어떤 세상일까요?

4. 감사를 표현하며 누군가에게 행복감을 선물해 준 사건이 있으십니까?

5. 누군가에게 감사를 받았을 때 기분 좋았던 경험도 나눠 보세요.

6. 우리가 경험하는 일상이 누군가에게 기적이 된다는 의미는 무엇일까요?

7. 한 주간의 삶 속에서 감사했던 것들을 나눠 보도록 하겠습니다.

감사가 무너지면 다 무너지고
감사가 회복되면 다 회복된다

♥감사일기♥

1) 주변 인물에게 감사 찾기　　　2) 주변 사물에게 감사 찾기
3) 주변 환경에게 감사 찾기　　　4) 자기 자신에게 감사 찾기
* 매일 똑같은 내용의 반복 없이 감사의 제목을 찾아서 감사일기를 써 보세요.

[월요일]　　년　　월　　일
①..
②..
③..
④..
⑤..

[화요일]　　년　　월　　일
①..
②..
③..
④..
⑤..

[수요일]　　년　　월　　일
①..
②..
③..
④..
⑤..

　　감사가 무너지면 다 무너지고 감사가 회복되면 다 회복된다

[목요일]　　년　월　일

① ....
② ....
③ ....
④ ....
⑤ ....

[금요일]　　년　월　일

① ....
② ....
③ ....
④ ....
⑤ ....

[토요일]　　년　월　일

① ....
② ....
③ ....
④ ....
⑤ ....

[주　일]　　년　월　일

① ....
② ....
③ ....
④ ....
⑤ ....

제2과

감사는 능력이다

이에 백성들이 아침에 일찍이 일어나서 드고아 들로 나가니라. 나갈 때에 여호사밧이 서서 이르되 유다와 예루살렘 주민들아 내 말을 들을지어다. 너희는 너희 하나님 여호와를 신뢰하라. 그리하면 견고히 서리라. 그의 선지자들을 신뢰하라. 그리하면 형통하리라 하고 백성과 더불어 의논하고 노래하는 자들을 택하여 거룩한 예복을 입히고 군대 앞에서 행진하며 여호와를 찬송하여 이르기를 여호와께 감사하세 그의 인자하심이 영원하도다 하게 하였더니 그 노래와 찬송이 시작될 때에 여호와께서 복병을 두어 유다를 치러 온 암몬 자손과 모압과 세일산 주민들을 치게 하시므로 그들이 패하였으니 곧 암몬과 모압 자손이 일어나 세일산 주민들을 쳐서 진멸하고 세일 주민들을 멸한 후에는 그들이 서로 쳐죽였더라(대하 20:20~23)

인류의 모든 사람들은 누구나 능력을 갖길 원합니다. 능력을 얻기 위해 더 많은 시간 수고하고 애씁니다. 그 이유는 능력이 있어야 성공적인 인생을 살 수 있기 때문입니다. 능력이 있어야 어떤 어려움이 와도 이길 수 있기 때문입니다. 그렇다면 여러분들은 어떤 능력을 소유하길 원하십니까?

이 땅에 수많은 능력이 있지만 무엇보다도 우리에게 꼭 필요한 능력은 바로 '감사의 능력'입니다. 사람들은 감사를 단순한 인사치레 정도로만 여깁니다. 그러나 감사는 능력입니다. 감사에는 상상할 수 없는 힘이 있습니다. 감사에는 기적을 경험할 수 있는 하나님의 능력이 있습니다. 우리가 감사훈련을 하는 이유는 감사의 능력을 깨닫고, 감사의 능력을 경험하기 위함입니다. 그렇다면 정말로 감사가 고마움을 표현하는 그 이상의 능력을 갖고 있을까요?

역대하 20장은 모압 자손과 암몬 자손 그리고 그 밖의 연합군이 거대한 힘을 지니고 유다를 침입해 오는 상황입니다. 남유다의 4번째 왕인 여호사밧은 적군들이 이미 자기의 영토에 침입해 들어왔다는 것을 알고 매우 놀랐습니다. 이 일로 인하여 여호사밧 왕은 심히 두려워하며 떨고 있으며 이로 인하여 하나님께 도움을 구하며 온 유다 백성들에게 금식을 선포하고 있는 상황입니다. 연합군과 대적할 능력이 없는 여호사밧이 이 위기의 상황에서 처한 행동은 무엇이었습니까?

우리 하나님이여 그들을 징벌하지 아니하시나이까. 우리를 치러
오는 이 큰 무리를 우리가 대적할 능력이 없고 어떻게 할 줄도 알
지 못하옵고 오직 주만 바라보나이다 하고(대하 20:12)

적군과 대적할 능력이 없음과 이길 방법이 없음을 깨닫고 주만 바
라보았습니다. 여호사밧이 계속 하나님께 기도합니다. "하나님! 우리
는 저 연합군에 맞서서 싸울 힘이 없습니다. 능력도 없습니다. 어떻게
해야 할 줄도 모릅니다. 오직 주만 바라보나이다"라고 고백을 하게 됩
니다.

이 장면에서 우리는 온 우주 만물을 창조하시고 역사와 환경을 주
관하시는 하나님을 만나야 합니다. 환경을 바라보면 절망이지만 주
님을 바라보면 희망이 됩니다. 그 이유는 오직 하나님만이 우리들의
모든 환경을 주장하시는 전능자 되시기 때문입니다.

우리가 감사훈련을 하는 이유는 단순히 긍정적인 마음의 변화를 깨
닫기 위함이 아닙니다. 하나님을 향한 절대적 믿음을 소유하기 위해
서입니다. 절망적인 상황에서 주님만 바라보는 그 믿음이 감사의 능
력을 경험하는 첫 출발점이 되기 때문입니다. 이때 하나님께서 선지
자 야하시엘에게 어떠한 말씀을 주셨습니까?

야하시엘이 이르되 온 유다와 예루살렘 주민과 여호사밧 왕이여

들을지어다. 여호와께서 이같이 너희에게 말씀하시기를 너희는 이 큰 무리로 말미암아 두려워하거나 놀라지 말라. 이 전쟁은 너희에게 속한 것이 아니요 하나님께 속한 것이니라(대하 20:15)

여호와 하나님께서 어떤 말씀을 해 주십니까? "두려워하지 말라. 이 전쟁은 너희에게 속한 것이 아니라 여호와에게 속한 것이다"라고 말씀해 주고 계십니다.

우리가 이것을 깨달아야 합니다. 전쟁은 여호와께 속하였다는 말은 우리 인생 전반에 걸쳐서 결국 일의 진행은 여호와로 말미암는다는 말입니다. 즉, 내 생명도, 내 성공도, 내 출세도, 내 안정도, 내 행복과 불행도 모두가 다 하나님께 속해 있다는 것입니다. 그러니 우리는 오직 하나님께만 집중해야 합니다. 아무리 내가 내 삶과 내 가족의 행복한 삶을 위해서 발버둥 친다 할지라도 결국 그것을 주관하시는 분은 하나님이라는 것입니다.

하나님이 생명을 붙잡아 주셔야 우리의 생명이 보호됩니다. 하나님이 건강을 지켜 주셔야 우리의 건강이 보호됩니다. 나의 노력이나 수고가 성공과 행복을 보장하는 것이 아닙니다. 그리스도인이 하나님을 향하여 가져야 할 절대적인 믿음은 바로 전쟁은 여호와께 속한 것이라는 믿음입니다. 역사와 환경을 주관하시는 분은 오직 여호와 하나님이십니다. 전쟁은 여호와께 속하였음을 깨달은 여호사밧 왕은 유다 백성에게 무엇을 강조했습니까?

이에 백성들이 아침에 일찍이 일어나서 드고아 들로 나가니라. 나
갈 때에 여호사밧이 서서 이르되 유다와 예루살렘 주민들아 내 말
을 들을지어다. 너희는 너희 하나님 여호와를 신뢰하라. 그리하면
견고히 서리라. 그의 선지자들을 신뢰하라. 그리하면 형통하리라
하고(대상 20:20)

여호사밧 왕은 유다백성들에게 여호와 하나님을 신뢰할 것과 선지
자를 신뢰할 것을 요청하고 있습니다. 그래야 견고히 서며 형통하기
때문입니다.

많은 사람들은 큰 문제 앞에서 어려움을 겪게 되면 우선 환경을 의
지하고 사람을 의지하게 됩니다. 그러나 감사의 능력을 경험하기 원
하는 사람에게 요청하는 사항이 있습니다. 그것은 바로 여호와 하나
님을 신뢰하는 것입니다. 어떤 환경을 통해서든지 하나님을 향한 절
대적인 믿음을 갖고 있으면 우리 삶을 통해서 하나님은 하나님의 하
나님 되심을 나타내 보이기 원하십니다.

하나님은 하나님을 신뢰하는 자를 통해서 일하십니다. 감사의 능력
을 경험하기 원하십니까? 여호와 하나님을 신뢰하십시오.

자기 아들을 아끼지 아니하시고 우리 모든 사람을 위하여 내주신 이가 어찌 그 아들과 함께 모든 것을 우리에게 주시지 아니하겠느냐(롬 8:32)

우리가 믿는 하나님은 우리를 구원하시기 위해서 자기 아들 예수 그리스도까지 주셨던 분이십니다. 그렇기에 그 하나님의 사랑을 신뢰하는 자들은 반드시 하나님께서 그 믿음대로 일하여 주십니다.

드디어 결전의 날이 왔습니다. 이때 여호사밧 왕이 강력한 무기를 앞세웁니다. 연합군과 싸워 이길 수 있는 강력한 무기는 무엇입니까?

백성과 더불어 의논하고 노래하는 자들을 택하여 거룩한 예복을 입히고 군대 앞에서 행진하며 여호와를 찬송하여 이르기를 여호와께 감사하세 그의 인자하심이 영원하도다 하게 하였더니(대하 20:21)

여호사밧 왕의 강력한 무기는 바로 '감사'였습니다. 여호사밧 왕은 연합군과 맞서 싸우러 가는 군대 앞에 노래하는 자를 택하여 거룩한 예복을 입히고 여호와께 드리는 감사 찬양을 앞세우고 있습니다. 쉽게 말해서 적군과 싸우러 가는 군인들 맨 앞에 성가대원들을 소집하여 '감사운동'을 시킨 것입니다.

지금의 상황은 남유다를 향해 모압, 암몬, 마온 사람들이 연합군을 형성해서 공격해 오고 있는 상황입니다. 연합군의 위력이 너무 막강하여 두려움에 떨었던 여호사밧 왕이 하나님만 바라보고 하나님만 의지하면서 적군 앞에 나아갈 때에 맨 앞에 '여호와께 감사'를 앞세우며 싸움터에 나아가고 있는 모습입니다. 이것은 올바른 전쟁법은 아닙니다. 적군과 싸워 전쟁하기 위해서는 최강의 군대를 앞세워야 합니다. 그런데 최강의 정예부대를 앞세워도 사실상 패할 수밖에 없는 전쟁이지만 여호사밧 왕은 최강의 정예부대 대신에 '감사부대'를 앞세워 나아가고 있습니다.

> 그 노래와 찬송이 시작될 때에 여호와께서 복병을 두어 유다를 치러 온 암몬 자손과 모압과 세일산 주민들을 치게 하시므로 그들이 패하였으니(대하 20:22)

감사를 무기 삼아 전쟁터에 나아갈 때에 어떤 역사가 일어났습니까? 여호와께서 '복병'을 두었다고 기록하고 있습니다. 여호사밧 왕이 감사를 앞장세워 전쟁터에 나아갈 때에 하나님께서 전쟁을 치르기 위해 나아오는 연합군과 유다 백성 사이에 복병을 허락해 주신 것입니다.

복병은 숨겨진 군사를 의미합니다. '복병'에 대해 혹자는 하나님께서 보내신 천사 또는 군대, 특히 은밀히 활동하는 천사를 가리킨다고 주장을 하나 여기에서 복병은 바로 잠복해 있던 세일산 거민을 뜻하는 것입니다.

지금 유다를 치기 위해서 암몬 자손과 모압의 연합군이 다가오지만 싸우러 가는 그 길목에서 세일산 거민을 먼저 만나 그들과 전쟁을 우선 치르게 됩니다. 세일산 거민들은 매복하는 전술에 능수능란했다고 합니다. 그래서 저들은 암몬과 모압군을 치고 전리품을 약탈해 가려고 계획했지만, 암몬과 모압 자손이 이러한 시도를 알아차리고 세일 거민을 선제공격하여 세일산 거민을 진멸시키게 된 것입니다. 세일산 거민은 하나님께서 유다 백성을 지켜 주기 위한 복병이었습니다. 감사를 하면 하나님께서 복병을 보내 주십니다. 그 후 전쟁의 결과는 어떻게 되었습니까?

곧 암몬과 모압 자손이 일어나 세일산 주민들을 쳐서 진멸하고 세일 주민들을 멸한 후에는 그들이 서로 쳐죽였더라(대하 20:23)

복병과 싸운 연합군은 큰 승리를 하게 됩니다. 그런데 그 전쟁 후에 서로 간의 알 수 없는 이유로 암몬과 모압의 연합군들이 서로 격전을 벌여 피차 살육하여 한 사람도 피한 자가 없이 다 죽었다고 기록하고 있습니다. 유다와 싸우기 위해 연합한 저들이 처음에는 하나님께서 보내신 복병을 만나 싸워 승리를 했지만 그 승리 후에는 연합군들끼리 전쟁을 하여 서로가 다 살육을 당한 것입니다.

그들이 왜 서로를 공격했는지 성경에는 그 이유가 정확히 나오지 않습니다. 그러나 역사와 환경을 주관하시는 하나님께서 간섭해 주셨다는 것을 우리는 알 수 있습니다. 이처럼 감사를 앞세우면 기적을 경험하게 됩니다.

너무도 두려운 환경이었습니다. 확률적으로는 연합군과 싸우게 된다면 당연히 패할 수밖에 없었습니다. 그러나 전쟁은 여호와께 속해 있기에 그것을 믿고 하나님께 감사를 내세웠더니 기적이 일어났습니다. 그때의 그 감사는 승리했을 때 나오는 감사가 아니었습니다. 전쟁 전에 드렸던 감사는 하나님을 향한 절대적 믿음의 반응인 것입니다. 감사는 이처럼 기적을 경험하는 능력을 갖고 있습니다. 그렇다면 감사의 능력이 단지 싸움에서 승리만 경험되었을까요?

> 여호사밧과 그의 백성이 가서 적군의 물건을 탈취할새 본즉 그 가운데에 재물과 의복과 보물이 많이 있으므로 각기 탈취하는데 그 물건이 너무 많아 능히 가져갈 수 없을 만큼 많으므로 사흘 동안에 거두어들이고(대하 20:25)

아닙니다. 전쟁에서의 승리는 물론 큰 축복까지 허락해 주셨습니다. 여호사밧이 적군의 물건을 취하러 갔는데 그 재물과 의복과 보물이 너무 많아 사흘 동안 그 보물을 옮겼다고 기록하고 있습니다. 이처럼 감사는 승리를 경험하며 말로 할 수 없는 엄청난 축복을 경험하게 됩니다. 사흘 동안 적군에서 보물을 옮겨 왔다면 얼마나 많은 전리품들을 하나님께서 허락해 주셨는지 상상 그 이상일 것입니다.

감사는 상상할 수 없는 기적을 경험하게 되며 이 기적의 출발은 바로 감사입니다. 또한 그 감사의 출발은 하나님의 하나님 되심을 절대적으로 신뢰하는 믿음이 되는 것입니다. 이처럼 감사는 엄청난 능력이 있습니다. 감사의 삶을 실천할 때 여러분들은 그 능력을 경험하게 될 것입니다.

감사훈련에 있어서 일차적인 것은 감사에 능력이 있다는 것을 깨닫는 것입니다. 인생의 위기를 만날 때 나타나는 반응은 원망과 불평 그리고 두려움입니다. 그런데 그러한 감정이 문제를 해결하지 못합니다. 비록 두려움과 원망과 불평의 상황일지라도 하나님의 선하심을 믿고 감사를 앞세운다면 기적은 여러분들의 몫이 됩니다.

뉴욕대학부속병원 재활센터 입구에 걸린 어떤 장애인이 쓴 기도 시가 있습니다.

큰일을 이루기 위해 힘을 달라고 하나님께 기도했는데 겸손을 배우라고 연약함을 주셨습니다. 많은 일을 해낼 수 있는 건강을 구했는데 더 가치 있는 일을 하라고 병을 주셨습니다. 행복해지고 싶어 부유함을 구했는데 지혜로워지라고 가난을 주셨습니다. 세상 사람들의 칭찬을 듣고 싶어 성공을 구했는데 뽐내지 말라고 실패를 주셨습니다. 삶을 누릴 수 있도록 모든 것을 갖게 해 달라고 기도했는데 모든 것을 누릴 수 있는 삶 그 자체를 선물로 주셨습니다. 구한 것 하나도 주시지 않았지만 내 소원 모두 들어주셨습니다. 하나님의 뜻을 따르지 못하는 삶이었지만 내 맘속에 표현하지 못한 기도는 모두 들어주셨습니다. 나는 가장 많은 복을 받은 사람입니다.

우리 생각에는 감사가 그렇게 큰 능력을 가질 수 있을까? 의심하는 사람도 있을 수 있습니다. 물론 우리가 감사한다고 모든 환경이 다 변하는 것은 아닙니다. 우리가 아무리 감사해도 가난한 사람이 곧바로 부자가 되지 않습니다. 아무리 감사해도 장애를 가진 사람이 곧바로 정상인이 될 수는 없습니다. 얼굴이 못생긴 사람이 아무리 감사해도 미남, 미녀가 될 수는 없습니다. 그러나 감사하면 가난해도 부자 이상으로 행복해질 수는 있습니다. 감사하면 장애가 있어도 정상인보다 더 행복해질 수 있습니다. 감사하면 얼굴이 못생겨도 미남, 미녀보다 훨씬 더 행복해질 수 있습니다. 이것이 감사의 능력입니다.

감사훈련

감사가 무너지면 다 무너지고 감사가 회복되면 다 회복됩니다. 감사표현은 감사훈련의 꽃입니다. 감사표현은 마음만 있으면 안 됩니다. 감사의 마음은 꼭 표현되어야 합니다. 어떻게 감사를 표현할지를 고민하는 것도 아름다운 감사훈련이 될 수 있습니다.

우리는 기적을 베풀어 주면 그때는 쉽게 감사를 고백할 수 있다고 생각합니다. 그러나 기적을 베풀어 줄 때 나타나는 감사는 감사의 능력이 경험되지 못하고 다만 고마움의 표현만 될 뿐입니다. 여호사밧 왕은 기적을 베풀어 줄 때 감사한 것이 아니라 먼저 감사함으로써 기적을 경험한 것입니다. 행복해서 감사한 것이 아니라 감사하기에 행복한 것이며, 성공 때문에 감사한 것이 아니라 감사가 성공을 만드는 것입니다.

감사는 반드시 표현해야 감사가 됩니다. 감사의 대상을 찾고, 감사의 대상에게 감사를 표현하시기 바랍니다. 감사할 이유를 찾지 못했다는 것은 감사할 이유가 없다는 것이 아니라 우리가 감사의 이유를 깨닫지 못했다는 것입니다. 우리 주변인들 모두 감사의 대상이 될 수 있다는 것을 기억하십시오.

감사표현

이번 주 감사대상: 목사님의 사역을 내조하시는 사모님

교회 사역을 이야기할 때에 목사님들께서는 보이는 목회를 하신다면 사모님들께서는 보이지 않는 목회를 하고 계십니다. 사모님들의 보이지 않는 그 수고와 헌신은 목사님들의 목회 50% 이상의 몫을 감당하고 계시리라 믿습니다.

1. 여호사밧 왕이 위기를 겪을 때에 했던 행동은 무엇이었습니까?

2. '오직 주만 바라본다'는 것의 뜻은 무엇입니까?

3. 전쟁이 하나님께 속했다면 내 삶의 성공과 실패는 누구의 뜻에 달려 있습니까?

4. 전쟁터에서 제일 먼저 성가대를 앞장세운 이유가 무엇이었습니까?

5. 성공 후에 드린 감사가 아니라 전쟁 전에 드린 감사의 의미는 무엇입니까?

6. 최근에 느낀 감사의 능력이 있다면 무엇입니까?

7. 지난주 감사표현을 통해서 깨닫고 느낀 점과 한 주간의 삶 속에서 감사했던 것들을 나눠 보도록 하겠습니다.

♥감사일기♥

1) 주변 인물에게 감사 찾기   2) 주변 사물에게 감사 찾기

3) 주변 환경에게 감사 찾기   4) 자기 자신에게 감사 찾기

* 매일 똑같은 내용의 반복 없이 감사의 제목을 찾아서 감사일기를 써 보세요.

[월요일]   년   월   일

① ....

② ....

③ ....

④ ....

⑤ ....

[화요일]   년   월   일

① ....

② ....

③ ....

④ ....

⑤ ....

[수요일]   년   월   일

① ....

② ....

③ ....

④ ....

⑤ ....

[목요일]　　년　월　일

① ....
② ....
③ ....
④ ....
⑤ ....

[금요일]　　년　월　일

① ....
② ....
③ ....
④ ....
⑤ ....

[토요일]　　년　월　일

① ....
② ....
③ ....
④ ....
⑤ ....

[주 일]　　년　월　일

① ....
② ....
③ ....
④ ....
⑤ ....

제3과

감사는 하나님을 영화롭게 한다

감사로 제사를 드리는 자가 나를 영화롭게 하나니 그 행위를 옳게 하는 자에게 내가 하나님의 구원을 보이리라(시 50:23)

감사가 무너지면 다 무너지고 감사가 회복되면 다 회복된다

우리 그리스도인들에게 있어서 인생을 살아가는 제1의 목표가 있다면 바로 하나님께 영광을 돌리는 일입니다. 성경은 "너희가 먹든지 마시든지 무엇을 하든지 다 하나님의 영광을 위하여 하라"(고전 10:31)고 우리에게 말씀하고 있습니다.

하나님께서 우리를 창조하신 이유는 인간을 통해서 영광 받기 위합니다. 그렇다면 우리가 어떻게 하여야 하나님께 영광 돌리는 삶을 살 수 있겠습니까?

우리는 때때로 누군가에게 선물을 사기 위해 고민할 때가 있습니다. 선물을 통해 감사를 표현하고 싶은데 선물 고르기가 여간 어렵지 않은 때가 많이 있습니다. 더욱이 선물 받을 상대방이 아주 부요하여 어느 것 하나 부족함이 없는 큰 재력가라면 선물을 고르기가 더더욱 어려울 것입니다. 그렇다면 하나님을 한번 생각해 봅시다. 하나님을 영화롭게 한다는 것은 하나님의 이름에 합당한 선물을 드리는 것과 같습니다. 과연 온 우주 만물의 주인이신 그 하나님께 어떤 선물을 드려야 그분께서 기뻐하실까요? 그 은혜에 합당한 선물을 드리고 싶은데 과연 무엇을 드릴 수 있겠습니까?

시편 50편은 신실하지 못한 이스라엘 백성에 대한 하나의 경고 시입니다. 특별히 하나님께서는 이스라엘 백성들의 불성실한 예배(제사)에 대하여 꾸짖고 계시며 그들의 비윤리적인 행위에 대한 책망과 경고를 발하는 내용으로 구성되어 있습니다.

하나님께서는 어떤 이유로 이스라엘 백성들을 모으셨고 이스라엘 백성은 하나님과 어떤 언약관계를 맺은 상태였습니까?

이르시되 나의 성도들을 내 앞에 모으라. 그들은 제사로 나와 언 약한 이들이니라 하시도다(시 50:5)

하나님께서는 제사 문제로 이스라엘 백성을 소환하여 모이게 하셨 습니다. 그리고 이스라엘 백성은 하나님과 제사로 언약한 관계입니 다. 즉 하나님을 예배해야만 언약이 성립되는 백성들입니다.

하나님께서 이스라엘 백성들이 소유하고 있는 외양간의 소나, 우리 속에 있는 염소를 원하고 계십니까?

내가 네 집에서 수소나 네 우리에서 숫염소를 가져가지 아니하리 니 이는 삼림의 짐승들과 뭇 산의 가축이 다 내 것이며 산의 모든 새들도 내가 아는 것이며 들의 짐승도 내 것임이로다. 내가 가령 주려도 네게 이르지 아니할 것은 세계와 거기에 충만한 것이 내 것임이로다(시 50:9~12)

하나님은 이스라엘 백성들이 헌신하여 드리는 짐승의 제물을 원하 시는 것이 아닙니다. 그런 짐승 제물은 창조주 하나님께서 얼마든지 만드실 수 있는 분이십니다. 숲에 있는 온갖 동물들이 다 하나님의 것이며 수많은 소가 다 하나님의 것이며(10절), 하늘의 새와 들판의 살아 있는 모든 것들이 다 하나님의 것이며(11절), 땅과 그 위에 있는 모든 것이 다 하나님의 것입니다. 하나님께서 원하시는 것은 이스라엘 백성들이 자기 것을 희생하여 드리는 소와 양과 염소들이 아니었습니다.

내가 수소의 고기를 먹으며 염소의 피를 마시겠느냐(시 50:13)

이스라엘 백성들이 하나님께 드린 제물을 하나님께서 드십니까? 아닙니다. 하나님께서는 '내가 소의 고기를 먹더냐? 내가 염소의 피를 마시더냐?' 하시며 이스라엘 백성들이 드린 제사의 제물을 먹지 않으신다고 말씀하십니다. 우리가 믿는 하나님은 제물로 바쳐진 짐승을 잡수시는 분이 아니십니다.

하나님은 영이십니다. 창조주이시며 전능자이십니다. 알파와 오메가 되시고, 하늘과 땅에 있는 모든 것들이 다 하나님의 것입니다. 그렇기에 하나님이 원하시는 것은 살찐 송아지가 아닙니다. 하나님께서 원하시는 제사는 제물이 아닌 하나님을 향한 우리들의 마음입니다. 하나님이 원하시는 마음, 하나님이 원하시는 예배자로서의 마음은 무엇입니까?

감사로 하나님께 제사를 드리며 지존하신 이에게 네 서원을 갚으며(시 50:14)

하나님이 원하시는 마음은 하나님께 감사하는 마음입니다. 감사하는 마음 없이 아무리 흠 없는 제물을 많이 바쳐서 제사를 지낸다 하더라도 그 제사는 하나님이 받지 않으십니다.

하나님은 모든 제물의 주인이십니다. 그 제물의 고기를 원하시는 것도 아니고 그 제물의 피를 원하시는 것도 아닙니다. 하나님은 우리에게 감사를 원하고 계십니다. 나를 위해 이 멋진 세상을 창조하여 선물로 주신 그 하나님은 우리를 통해 하나님을 향한 감사의 마음을 원하고 계십니다. 이는 우리들이 드리는 예배도 마찬가지입니다. 감사의 마음 없이 드리는 예배는 하나님께서 받지 않으십니다.

> 감사로 제사를 드리는 자가 나를 영화롭게 하나니 그 행위를 옳게
> 하는 자에게 내가 하나님의 구원을 보이리라(시 50:23)

하나님은 우리가 하나님께 감사할 때에 우리로 하여금 영광 받으시며 높임 받으십니다. 성경은 감사로 제사하는 자가 하나님을 영화롭게 할 수 있다고 말씀해 주고 있습니다. 감사가 빠진 제사는 하나님께서 영광 받지 않겠다는 말씀입니다.

감사는 하나님을 향한 믿음입니다. 단순한 고마움에 대한 인사치례 정도가 아니라 하나님의 사랑과 은혜에 대한 믿음의 반응이 감사입니다. 감사함으로 하나님께 영광을 돌릴 수 있습니다. 감사를 통해 우

리가 하나님을 영화롭게 할 수 있습니다. 하나님께 드리는 예배가 바로 감사의 표현입니다. 하나님께 드리는 헌금이 감사의 표현입니다.

> 하나님을 알되 하나님을 영화롭게도 아니하며 감사하지도 아니
> 하고 오히려 그 생각이 허망하여지며 미련한 마음이 어두워졌나
> 니(롬 1:21)

감사는 하나님을 향한 절대적인 믿음입니다. 그런데 오늘날 하나님을 믿되 하나님을 영화롭게도 아니하며 감사하지도 아니하는 모습이 우리들의 현실입니다.

하나님을 알면서, 그 하나님을 믿으면서 그분을 영화롭게 아니하는 것은 죄악입니다. 하나님을 알면서 그분께 감사하지 않는 것은 하나님을 향한 불신입니다. 우리가 하나님께 감사하면 그 감사를 통해서 하나님에 대한 성품과 능력, 그분의 고귀한 사랑과 신실하심을 칭찬하는 행위가 됩니다. 이는 곧 하나님을 영화롭게 하는 고백이기도 합니다. 하나님께 영광 올리는 행동은 연예인들이 수상을 받으며 '하나님께 영광을 올려드립니다' 할 때 영광 받으시는 것이 아닙니다. 우리가 감사할 때 하나님은 영광 받으십니다. 우리가 이 땅에서 성공하지 않아도, 출세하지 않아도, 1등하지 않아도 감사만 잘하면 하나님은 여러분들의 삶을 통해서 최고로 큰 영광 받으십니다.

인생을 살면서 내 뜻대로 내 계획대로 되지 않아서 불평하고 원망하고 있는 분이 계십니까? 삶이 어려워 도피하고 싶고 포기하고 싶은 분이 계십니까? 원망과 불평이 문제를 해결할 수 없고 도피와 포기가 문제를 해결할 수 없습니다. 감사할 때 인생이 바뀌는 것입니다.

감사는 하나님을 향한 절대적인 믿음의 반응입니다. 감사라는 믿음의 반응을 사용할 때 효과는 파급적으로 큽니다. 그러니 우선 하나님을 기쁘시게 해 보십시오. 하나님을 영화롭게 할 때 하나님은 크게 기뻐하십니다. 우리가 하나님만 기쁘시게 하면 그분께서는 우리 마음의 소원을 들어 응답해 주신다고 약속하고 계십니다.

기쁨이 없으십니까? 근심, 걱정에 사로잡혀 있습니까? 감사하면 기쁨이 넘칩니다. 감사하면 언제나 생기가 있습니다. 감사하면 건강해집니다. 감사하면 근심, 걱정이 없어집니다. 감사하면 공허하지 않습니다. 감사하면 우울증이 치료됩니다. 감사하면 매력적인 사람이 됩니다. 감사하면 분노가 사라집니다. 감사하면 상처받아도 사랑합니다. 감사하면 원망과 불평이 사라집니다. 양이 양을 낳고 소가 소를 낳듯이 불평은 불평을 낳고 원망은 원망을 낳지만 감사는 감사를 낳습니다. 감사한 만큼 삶은 행복합니다. 감사는 과거에게 주어지는 좋은 행위가 아니라 다가올 미래를 살찌게 하는 좋은 행위입니다.

감사가 무너지면 다 무너지고 감사가 회복되면 다 회복됩니다. 하버드대학에서 실시한 조사에 의하면, 일자리를 얻게 된 사람들 중에 85%는 태도 때문에 직장을 구했고 15%가 똑똑함과 지식 때문에 직장에 합격했다고 합니다. 만약 여러분들이 나중에 직장에 들어간다면 똑똑함과 지식 때문에 합격할 것 같습니까? 만약에 그것이 아니라면 우리는 무엇부터 바뀌어야 합니까? 삶을 대하는 태도부터 바꿔야 할 것입니다. 인생에서 가장 중요한 것은 지식이나 똑똑함이 아니라 태도입니다.

인생은 마음의 태도가 중요합니다. 우리가 감사하는 태도를 가지면 하나님이 영광 받으시고 기뻐하십니다. 우리의 마음가짐을 바꾸면 우리의 미래가 바뀔 수 있습니다. 지금 당장 부자가 될 수 없고, 지금 당장 문제는 해결될 수 없지만 우리가 결정만 하면 당장이라도 우리의 마음은 바꿀 수 있습니다.

이제 삶의 근본적인 자세를 '감사'로 바꾸십시다. 어떤 경우도 감사로 해석하고 감사함으로 살아야 하겠다는 마음의 태도를 갖도록 합시다. 모든 삶을 '감사'라는 렌즈를 통해 바라보십시오. 분명 축복된 인생을 경험하게 될 것입니다.

감사는 한두 번 강조한다고 되는 일은 아닙니다. 감사에 대한 중요성을 한두 번 들었다고 감사하는 삶을 살지 못합니다. 감사는 철저히 훈련되어야 합니다. 혹시 벽에 대고 공을 던지는 놀이를 해 보셨습니까? 벽에다 공을 던지면 그 공이 다시 내게 옵니다. 감사도 이와 같습니다. 벽에다 던지는 공과 같이 언젠가 나에게 돌아와 큰 유익을 끼치는 것이 바로 감사입니다. 원망을 던지면 내 삶의 원망거리가 찾아옵니다. 불평을 던지면 불평의 공이 내게 찾아오게 되어 있습니다. 감사 훈련은 감사표현 훈련입니다. 이번 주 감사의 대상을 정하여 감사를 표현하며 감사를 벽에 던지는 놀이를 해 보겠습니다.

감사표현

이번 주 감사대상: 우리에게 복음을 증거해 주신 분

우리가 감사해야 할 대상이 참으로 많이 있습니다. 그중에 우리로 하여금 예수님을 알게 하고 믿게 하도록 복음을 증거해 주셨던 분은 매우 특별합니다. 우리 인생에 있어서 영원한 생명을 얻도록 해 주신 축복의 통로가 되어 주셨기 때문입니다.

1. 소중한 분을 위해 선물을 구입할 때 힘든 경험이 있으셨습니까?

2. 이 세상에서 하나님이 소유하신 하나님의 것은 무엇이 있습니까?

3. 모든 것의 주인이신 하나님께서 왜 우리들에게 제물(헌금)을 원하시는 것입니까?

4. 하나님을 기쁘시게 할 수 있는 것들은 무엇이 있을까요?

5. 왜 사람들은 하나님께 큰 감사를 잘 드리지 못할까요?

6. 하나님을 칭찬해 봅시다. 무엇을 칭찬해 드릴 수 있을까요?

7. 지난주 감사표현을 통해서 깨닫고 느낀 점과 한 주간의 삶 속에서 감사했던 것들을 나눠 보도록 하겠습니다.

❤감사일기❤

1) 주변 인물에게 감사 찾기 2) 주변 사물에게 감사 찾기

3) 주변 환경에게 감사 찾기 4) 자기 자신에게 감사 찾기

* 매일 똑같은 내용의 반복 없이 감사의 제목을 찾아서 감사일기를 써 보세요.

[월요일] 년 월 일

① ....

② ....

③ ....

④ ....

⑤ ....

[화요일] 년 월 일

① ....

② ....

③ ....

④ ....

⑤ ....

[수요일] 년 월 일

① ....

② ....

③ ....

④ ....

⑤ ....

[목요일]　　년　월　일

① ....

② ....

③ ....

④ ....

⑤ ....

[금요일]　　년　월　일

① ....

② ....

③ ....

④ ....

⑤ ....

[토요일]　　년　월　일

① ....

② ....

③ ....

④ ....

⑤ ....

[주 일]　　년　월　일

① ....

② ....

③ ....

④ ....

⑤ ....

제4과

감사는 제로(Zero)에서 시작한다

이르되 내가 모태에서 알몸으로 나왔사온즉 또한 알몸이 그리로 돌아가올지라. 주신 이도 여호와시요 거두신 이도 여호와시오니 여호와의 이름이 찬송을 받으실지니이다 하고. 이 모든 일에 욥이 범죄하지 아니하고 하나님을 향하여 원망하지 아니하니라(욥 1:21~22)

우리는 머리카락이 빠져서 없는 분들을 대머리라고 이야기합니다. 요즘같이 헤어스타일을 통해서 자신의 멋을 드러내는 시대에 머리카락이 빠져서 없다면 정말 많은 스트레스를 받을 것입니다. 그런데 대머리를 가지신 분들에게도 감사의 제목이 있습니다.

첫째, 여성에게는 거의 없는, 남자에게만 있는 현상이므로 감사합니다.

둘째, 하나님의 사랑을 받는 자가 대머리가 됩니다. 날마다 앞이마를 쓰다듬어 주시기 때문입니다.

셋째, 대머리인 사람은 얻어먹고 사는 사람이 없습니다. 대머리로 구걸하는 사람은 아직 한 사람도 못 보았기 때문입니다.

넷째, 목회자들 중에 대머리가 된 사람이 비교적 많습니다. 엘리사도 대머리였습니다.

다섯째, 비누, 샴푸, 물을 많이 절감할 수 있어서 감사합니다.

여섯째, 하나님을 편하게 해 드릴 수 있어서 감사합니다. 주님은 날마다 우리의 머리카락까지 세시기 때문입니다.

물론 위 내용은 웃자고 하는 감사의 내용입니다. 머리카락 한 올 심는 데 대략 1만 원이 든다면 100개를 심으려면 100만 원이고, 천 개를 심으면 1,000만 원이 듭니다. 보통 사람의 머리카락 숫자가 20만 개 정도라고 하니 머리 전체에 다 심으려면 머리카락 값이 20억이나 됩니다. 그렇다면 머리카락만 제대로 있어도 우리는 20억 부자가 되는 셈입니다. 결국 생각의 차이가 감사를 만듭니다. 우리는 헤어스타일에 대한 불평이 있었지, 헤어가 있다는 것 그 자체에 대해서는 크게 감사하지 못하고 있습니다. 머리카락이 제로(0)인 상태에서 출발해 보십시오. 생각만 바꾸면 감사하지 못할 것이 없습니다.

우리가 깨닫지 못해서 그렇지, 주변을 돌아보면 감사할 것이 너무 많습니다. 왜 우리들은 감사할 제목들이 너무 많음에도 불구하고 감사하지 못하고 있습니까? 그것은 바로 제로(Zero, 無)에서부터 시작된 감사를 깨닫지 못하기 때문입니다.

우리들은 지금 자기에게 주어진 것들에 대해 감사하지 않고 모든 것을 당연하게 여기고 있습니다. 무엇보다도 지금 내가 '가지고 있는 것들'을 생각하며 감사하기보다는 '내게 없는 것들'을 통해서 불평하며 살아가고 있습니다. 이제 제로에서부터 시작된 감사를 깨달아 가길 바랍니다.

아무것도 없는 제로에서부터 감사를 깨닫기 위해서는 욥에 대한 이야기가 우리에게 강한 도전이 될 것입니다. 성경에서는 욥을 어떤 사람으로 묘사하고 있습니까?

우스 땅에 욥이라 불리는 사람이 있었는데 그 사람은 온전하고 정직하여 하나님을 경외하며 악에서 떠난 자더라. 그에게 아들 일곱과 딸 셋이 태어나니라.

그의 소유물은 양이 칠천 마리요 낙타가 삼천 마리요 소가 오백
겨리요 암나귀가 오백 마리이며 종도 많이 있었으니 이 사람은 동
방 사람 중에 가장 훌륭한 자라(욥 1:1~3)

욥은 순전하고 정직하며 하나님을 경외하고 악에서 떠난 사람이라
고 말씀하고 있습니다. 또한 아들 일곱과 딸 셋을 둔 다복한 가정이며
아주 부요한 사람으로 묘사하고 있습니다. 하나님을 경외하며 악에
서 떠난 이 욥은 하나님에게 큰 자랑거리였습니다. 그런데 하나님의
자랑거리인 욥에 대해서 사단은 욥이 하나님을 경외하는 까닭은 그
의 풍부한 '소유물' 때문이라며 만약 하나님께서 그의 소유물을 치시
면 욥이 정면으로 주를 욕할 것이라고 주장하게 됩니다. 그래서 하나
님께서는 사단에게 욥의 몸을 제외하고 그의 모든 소유물을 치는 시
험을 할 수 있도록 허용하게 됩니다.

욥에게 있어서는 아무 이유도 알 수 없는 큰 고난을 당하는 순간이
기도 합니다.

욥은 어떤 고난을 당했습니까?

1. 오백 겨리(1,000마리)의 소와 나귀 500마리를 스바 사람에게 빼
   앗기고 종들도 죽임을 당했습니다. (욥 1:14~15)
2. 하늘에서 불이 내려와 7,000마리나 되는 양 떼와 그것을 돌보고

있던 종들이 타 죽었습니다. (욥 1:16)

3. 갈대아 사람들이 떼를 지어 와서 3,000마리의 약대를 빼앗고 역시 종들을 죽였습니다. (욥 1:17)

4. 사막에서 갑자기 태풍이 불어와 집이 무너지는 바람에 욥의 큰 아들 집에 모여 함께 식사하고 있던 7명의 아들과 3명의 딸이 떼 죽음을 당했습니다. (욥 1:18~19)

욥은 하루아침에 알 수 없는 고난을 겪게 됩니다. 약간의 고난이 아니라 모든 것을 잃는 고난을 겪게 됩니다. 모든 재산을 다 잃어버렸습니다. 아끼는 종들의 생명도 잃어버리고 끝내는 사랑하는 아들 일곱과 딸 셋도 한날에 죽음을 당했습니다. 이후에도 욥은 몸에 종기가 나고 그 악취와 가려움이 극에 달해 기와로 자신의 몸을 긁으며 고통스런 생활을 했습니다. 그 상황을 보는 아내조차도 위로는커녕 이런 고난을 주신 하나님을 욕하고 죽으라고 말하며 떠나갔습니다. 이러한 때에는 그 누구라도 다 불평하며 원망할 수밖에 없는 상황입니다. 그런데 이러한 때에 욥의 반응은 무엇이었습니까?

이르되 내가 모태에서 알몸으로 나왔사온즉 또한 알몸이 그리로 돌아가올지라. 주신 이도 여호와시요 거두신 이도 여호와시오니 여호와의 이름이 찬송을 받으실지니이다 하고. 이 모든 일에 욥이 범죄하지 아니하고 하나님을 향하여 원망하지 아니하니라(욥 1:21~22)

욥은 이 상황에서 하나님을 원망하는 죄를 짓거나 불평하는 죄를 짓지 않고 오히려 하나님을 찬양하게 됩니다. 찬양은 하나님과 그분의 행위를 높이는 행위이며 더 나아가 감사하는 것을 말합니다.

욥은 모든 것을 잃어버렸지만 하나님을 원망하지 않았습니다. 그는 오히려 본래 인간은 아무것도 없는 제로(Zero) 상태에서 태어났다면서 다시 그 원점으로 돌아가 하나님을 감사하기 시작했습니다. 이것이 바로 진정한 감사, '제로부터 시작하는 감사'입니다.

욥이 말했던 '주신 자도 여호와, 취하신 자도 여호와라'는 것은 어떤 의미일까요?

> 기약이 이르면 하나님이 그의 나타나심을 보이시리니 하나님은
> 복되시고 유일하신 주권자이시며 만왕의 왕이시며 만주의 주시오
> (딤전 6:15)

욥의 그 고백은 하나님의 절대적 주권을 의미합니다. 주신자도 하나님이시며 취하신 자도 하나님이십니다. 하나님은 유일하신 주권자이시며 만왕의 왕이시며 만주의 주이십니다. 이 믿음이 욥으로 하여금 제로(Zero)부터 감사할 수 있는 능력을 얻게 합니다.

욥이 당하는 고난은 인간이 알 수 없는, 까닭 없는 고난이었습니다. 그러나 욥은 이해할 수 없는 큰 환난과 고난 앞에서도 원망과 불평의

죄를 범하지 않았습니다. 그 이유는 하나님의 절대적 주권을 욥이 믿었기 때문입니다.

욥은 비록 이해할 수는 없지만 하나님이 하시는 일은 다 옳다는 것을 깨달았습니다. 자기의 판단으로는 억울하기 그지없었지만 하나님께서는 실수하지 않는 분이심을 믿었기에 감사 신앙을 지킬 수 있었습니다. 아무것도 없는 제로(Zero) 상태에서 시작하면 모든 것이 다 감사의 제목이 됩니다.

우리는 아무것도 없는 제로 상태에서 시작된 인생입니다. 지금 우리가 누리고 있는 것들은 기적과 같은 엄청난 것들입니다. 그럼에도 불구하고 우리가 하나님께 감사하지 못하는 이유는 모든 것들을 다 당연하게 생각하기 때문입니다. 늘 자고 일어나면 하루가 생기니 그 하루에 대해서 감사하지 않고 살아갑니다. 당연히 머리카락이 있으니 머리카락에 대한 감사도 없고, 당연히 앉고 일어서고 먹을 수 있고 들을 수 있고 볼 수 있기에 감사하지 않고 살아갑니다. 정말 이 모든 것들이 당연한 것입니까? 언더우드 선교사님의 기도문은 우리에게 제로부터 시작되는 감사를 깨닫게 해 줍니다.

걸을 수만 있다면 더 큰 복은 바라지 않겠습니다.
누군가는 지금 그렇게 기도를 합니다.
설 수만 있다면 더 큰 복은 바라지 않겠습니다.
누군가는 지금 그렇게 기도를 합니다.
들을 수만 있다면 더 큰 복은 바라지 않겠습니다.
누군가는 지금 그렇게 기도를 합니다.
말할 수만 있다면 더 큰 복은 바라지 않겠습니다.
누군가는 지금 그렇게 기도를 합니다.
볼 수만 있다면 더 큰 복은 바라지 않겠습니다.
누군가는 지금 그렇게 기도를 합니다.

살 수만 있다면 더 큰 복은 바라지 않겠습니다.

누군가는 지금 그렇게 기도를 합니다.

놀랍게도 누군가의 간절한 소원을 나는 다 이루고 살았습니다.

놀랍게도 누군가가 간절히 기도하는 기적이 내게는 날마다 일어나고 있습니다.

부자 되지 못해도 빼어난 외모 아니어도 지혜롭지 못해도 내 삶에 날마다 감사하겠습니다. 날마다 누군가의 소원을 이루고 날마다 기적이 일어나는 나의 하루를 나의 삶을 사랑하겠습니다. 어떻게 해야 행복해지는지 고민하지 않겠습니다.

내가 얼마나 행복한 사람인지 날마다 깨닫겠습니다.

나의 하루는 기적입니다.

나는 행복한 사람입니다.

– '언더우드의 기도' 중에서

제로로 돌아가서야 합니다. 아무것도 없는 상황 속으로 돌아가서야 합니다. 그래야 진정한 감사를 하나님께 드릴 수 있습니다. 만약 우리가 제로 상태에서 감사를 드릴 수 있다면 우리는 지금 내가 살아 있는 것만으로도 감격스런 감사의 이유가 충분히 될 것입니다.

모든 것을 당연하게 받아들이면 감사가 없습니다. 모든 것을 당연하게 생각하는 순간 감사가 없기에 축복과 행복이 도망가게 됩니다. 아무리 큰 불평과 증오가 있다 해도 그것은 시한부 인생 앞에서는 부질없는 교만의 열매일 뿐입니다. 아무리 감당할 수 없는 삼중고의 고난이 있다 해도 살아 있음 앞에서는 모든 것이 감사의 이유가 될 뿐입니다. 항상 우리의 마음을 제로 상태로 내려놓고 인생을 살게 될 때 진정한 감사와 행복이 샘솟습니다. 감사는 제로에서 시작하는 것입니다.

감사훈련

감사가 무너지면 다 무너지고 감사가 회복되면 다 회복됩니다. 인생을 살면 살수록 강하게 느끼는 것이 있습니다. 그것은 바로 '평범하게 사는 것이 가장 큰 축복이다'라는 것입니다. 극히 평범한 것이 가장 큰 축복입니다. 우리가 살아가는 모든 일상들이 가장 큰 축복이며 은혜이며 감사의 제목입니다.

제로에서 출발하면 감사하지 못할 것이 없습니다. 아무것도 없는 0의 상태에서 지금 우리들이 가지고 있고, 누리고 있는 모든 것을 한번 헤아려 봅시다. 엄청난 것을 소유하고 있다는 것을 깨달을 것입니다.

유대인의 격언 중에 "'감사합니다'라는 말이 아이의 입에 익숙해지기 전에는, 아이에게 아무 말도 가르치지 말라"는 귀한 명언이 있습니다. 감사가 없는 상황에서는 이 세상의 성공과 출세는 아무 의미가 없습니다. 감사가 익숙하지 않은 상태에서 무엇인가를 얻었고 누리고 있다면 그는 오히려 교만하여 하나님을 떠나가며 참된 행복과 거리가 멀어질 것입니다. 그렇기에 우리 삶 속에 감사가 익숙하도록 훈련하시기 바랍니다.

감사훈련은 감사표현으로 그 유익함과 능력을 경험하게 됩니다. 감사를 표현하는 일에 적극적일수록 감사가 주는 능력을 더 많이 경험할 것입니다.

감사표현

이번 주 감사대상: 길거리에서 노숙하시는 걸인

이번에는 우리 삶에 도움을 주셨던 분들이 감사의 대상이 아니라 지극히 없는 분들을 위한 격려의 기회를 갖는 것입니다. 없는 분들과 비교해서 얻게 되는 감사가 아니라 없는 분들을 도울 수 있으면서 느끼는 감사를 경험하시기 바랍니다.

감사가 무너지면 다 무너지고 감사가 회복되면 다 회복된다

1. 왜 우리들은 감사할 제목들이 많음에도 불구하고 감사하지 못하는 것일까요?

2. 만약 내가 욥의 고난을 겪게 된다면 하나님께 원망하지 않을 자신이 있을까요?

3. '주신 자도 여호와 취하신 자도 여호와'라는 말은 어떤 의미입니까?

4. 때로 이해할 수 없는 고난이 내게 찾아온다면?

5. 지금까지 당연하게 여기며 감사하지 못했던 것들이 있다면 무엇입니까?

6. 아무것도 없는 제로에서 시작한다면 현재 얻고 누리고 있는 것들은 무엇입니까?

7. 지난주 감사표현을 통해서 깨닫고 느낀 점과 한 주간의 삶 속에서 감사했던 것들을 나눠 보도록 하겠습니다.

♥감사일기♥

1) 주변 인물에게 감사 찾기   2) 주변 사물에게 감사 찾기

3) 주변 환경에게 감사 찾기   4) 자기 자신에게 감사 찾기

* 매일 똑같은 내용의 반복 없이 감사의 제목을 찾아서 감사일기를 써 보세요.

[월요일]   년   월   일

① ....

② ....

③ ....

④ ....

⑤ ....

[화요일]   년   월   일

① ....

② ....

③ ....

④ ....

⑤ ....

[수요일]   년   월   일

① ....

② ....

③ ....

④ ....

⑤ ....

감사가 무너지면 다 무너지고 감사가 회복되면 다 회복된다

[목요일] 년 월 일

① ....
② ....
③ ....
④ ....
⑤ ....

[금요일] 년 월 일

① ....
② ....
③ ....
④ ....
⑤ ....

[토요일] 년 월 일

① ....
② ....
③ ....
④ ....
⑤ ....

[주 일] 년 월 일

① ....
② ....
③ ....
④ ....
⑤ ....

제5과

감사는 하나님의 뜻이다

항상 기뻐하라. 쉬지 말고 기도하라. 범사에 감사하라. 이는 그리스
도 예수 안에서 너희를 향하신 하나님의 뜻이니라(살전 5:16~18)

감사가 무너지면 다 무너지고 감사가 회복되면 다 회복된다

설암으로 혀를 잘라야 하는 한 여인이 있었답니다. 의사는 수술에 앞서 그 환자에게 이제 수술을 하게 되면 영영 말을 못하게 되니 하고 싶은 말이 있다면 마지막으로 말하라고 했습니다. 그때 그 여인은 눈물을 흘리며 하나님 앞에 기도하며 "주님! 감사합니다"라는 마지막 말을 남기고 수술을 진행했다고 합니다.

만약 이러한 상황 속에서 여러분들은 마지막으로 한마디 한다면 무엇을 말할 수 있겠습니까? 여러분들에게 극한의 고난이 올 때 감사할 수 있겠습니까? 어린 자식이 죽어 가는 모습을 지켜보는 부모가 과연 감사할 수 있을까요? 태어나자마자 장애로 고통 받는다는 말을 듣고도 감사할 수 있을까요? 많은 빚 앞에서 더 이상 살 소망이 없는 상황에서도 감사할 수 있을까요? 그런데 이러한 상황 속에서도 감사하며 살아야 합니다. 그 이유는 감사가 하나님의 뜻이기 때문입니다.

많은 그리스도인들이 '하나님! 제가 하나님의 뜻대로 살기 원합니다'라는 믿음의 결단과 고백을 많이 합니다. 그러나 하나님의 뜻을 제대로 알지 못하거나 혹 알아도 그 하나님의 뜻대로 살지 못하는 것이 현실입니다. 과연 하나님의 뜻은 무엇일까요? 그리고 어떻게 하여야 하나님의 뜻대로 살 수 있을까요?

바울은 데살로니가 교회의 교인들에게 신앙생활이 무엇인지 그 기본을 제시해 주고 있습니다. 장로들에게, 마음이 약한 자들에게 그리고 힘이 없는 자들에게 하나님에 대해서 어떤 마음의 자세로 살아가야 하는지 그 가르침을 말해 주고 있습니다. 바울이 전하고 있는 하나님의 뜻은 무엇일까요?

> 항상 기뻐하라. 쉬지 말고 기도하라. 범사에 감사하라. 이는 그리스도 예수 안에서 너희를 향하신 하나님의 뜻이니라(살전 5:16~18)

'항상 기뻐하라', '쉬지 말고 기도하라', '범사에 감사하라'가 우리를 향하신 하나님의 뜻입니다. 성경 속 수많은 구절에는 하나님의 뜻이 선포되어 있습니다. 때로는 어떠한 예를 통해서 하나님의 뜻을 전하기도 하고 때로는 상징적인 요소를 이용하여 하나님의 뜻을 전하기도 합니다. 그런데 정확하게 하나님의 뜻은 '이거다'라고 말씀해 주고 있는 구절은 바로 이 말씀입니다.

하나님의 뜻은 '항상 기뻐하는 것'입니다. '쉬지 말고 기도하는 것'입니다. 그리고 '범사에 감사하는 것'입니다. 우리가 이렇게 하나님의 뜻대로 살게 되면 어떤 축복을 얻게 됩니까?

> 나를 사랑하고 내 계명을 지키는 자에게는 천 대까지 은혜를 베푸느니라(신 5:10)

하나님은 하나님의 명령에 순종하여 철저히 하나님 뜻대로, 하나님

중심으로 살아가는 자에게는 천대까지 은혜를 베푸신다고 약속하고 있습니다. 그 복을 우리가 누리고 있으며 그 복의 시작점이 우리가 되어야 할 것입니다.

하나님의 뜻대로 항상 기뻐할 수 있습니까? 여러분들은 항상 기뻐한다는 것은 불가능하다고 생각할 것입니다. 그러나 이것을 가능케 하는 삶이 있습니다. 바로 하나님의 뜻대로 감사하는 삶을 사는 것입니다.

여기서 말하는 '기쁨'은 일이 잘 풀리고 환경적인 조건이 좋아졌다는 이유 때문에 느끼는 기쁨이 아닙니다. 이 기쁨은 인간적인 조건과 상황에 전혀 구애받지 않는 기쁨입니다. 어떠한 환란과 역경에도 변하지 않는 기쁨을 의미합니다. 이 기쁨의 삶은 감사할 때 가능한 삶이 됩니다.

또한 쉬지 말고 기도하라는 말은 문자적으로 24시간 기도만 하라는 뜻이 아닙니다. 이 말은 '범사에 변함없이 언제나 하나님을 굳게 붙잡고 의지하라'는 의미를 갖고 있습니다. 이 말은 하나님과의 교제이며 하나님의 임재를 인식하는 것을 뜻합니다.

범사에 하나님을 붙잡고 의지하는 삶이 기도의 삶이며 환경에 상관없이 기뻐하는 삶이 우리를 향한 하나님의 뜻이라면 이 두 가지를 가능케 하는 것이 바로 감사입니다. 그렇기에 '항상 기뻐하라', '쉬지 말고 기도하라', '범사에 감사하라'는 따로 떨어져 있는 것이 아니라 다 연결되어 있는 하나님의 뜻입니다.

항상 기뻐하기 위해서는 만물을 주장하시는 하나님과의 교제, 즉 기도하는 삶을 살 때에 가능합니다. 그리고 역사를 주관하시고 환경을 주관하시는 그 하나님과 교제하는 사람은 범사에 하나님을 인정하는 사람이기에 모든 것에 감사할 줄 아는 사람입니다. 모든 것에 감사하는 사람은 어떠한 환경에도 주님의 뜻을 믿기에 항상 기뻐할 수 있는 것입니다.

하나님의 뜻을 알고 그 뜻대로 살아가는 자들은 모두 감사의 삶을 사는 사람들이며 그 믿음을 바탕으로 진행된 감사는 환경을 초월한 감사로 이어지게 됩니다.

> 자기 아들을 아끼지 아니하시고 우리 모든 사람을 위하여 내주신 이가 어찌 그 아들과 함께 모든 것을 우리에게 주시지 아니하겠느냐(롬 8:32)

모든 사람을 구원하시기 위해서 자기 아들을 아끼지 않으시는 하나님의 마음을 깨달을 때에 환경을 초월한 감사가 우리 삶에 이뤄질 수 있습니다. 환경을 초월한 감사는 하나님께서 나를 구원하시기 위해서 독생자 예수 그리스도를 이 세상에 보내 주셨다는 것을 믿을 때 가능한 것입니다. 그 예수 그리스도께서 내 죄를 사하기 위해 십자가에서 피 흘려 죽으셨다는 것을 믿는 자가 환경을 초월한 감사를 드릴 수 있습니다.

우리를 구원하시기 위해서 자기 아들을 아끼지 아니하시고 십자가에 내어 주신 하나님께서 그 아들과 함께 모든 것을 우리에게 은사로 주지 않겠느냐 말씀하십니다. 이것은 비록 내가 가난에 빠지고, 병들고, 위험에 처해 있고, 고난에 처해 있을지라도 그것은 고난이라는 포장지에 감춰진 축복이라는 것입니다.

하나님의 십자가의 사랑을 믿는 자, 독생자까지 죽이심으로 우리를 구원하시고 축복하시는 그 하나님의 사랑을 믿는 자는 어떠한 환경에서도 감사할 수 있습니다. 하나님은 우리에게 최고의 것, 최선의 것을 주시는 하나님이십니다. 결국 이 믿음이 범사에 감사함을 만들어 내는 축복의 통로가 되는 것입니다.

'행복해서 감사한 것이 아니라 감사해서 행복한 것입니다.' 행복해서 감사하는 것은 누구나 다 할 수 있습니다. 하나님을 믿지 않는 세상 사람들조차도 행복하면 감사를 느낍니다. 그러나 우리는 바뀌어야 합니다. 행복해서 감사하는 것이 아니라 감사해서 행복한 것입니다.

감사는 감사의 깨달음을 얻어야 할 수 있습니다. 아무리 환경이 좋아도 감사를 깨닫지 못하고 생각지 못하면 감사하지 못합니다. Think(생각)해야 Thank(감사)가 나옵니다. 아무리 어려운 환경일지라도 깨닫고 생각하게 되면 우리는 크게 감사할 수 있습니다.

범사에 감사하기는 사실 쉬운 일이 아닙니다. 우리는 자신의 두 아들을 죽인 공산당원을 양자 삼아서 목사로 키워 사랑의 기적을 이룬 손양원 목사님의 이야기를 알고 있습니다. 그분이 자식의 장례식장에서 다음과 같이 10가지를 감사하셨습니다. 여러분들은 이러한 때에 자식의 장례식 앞에서 이런 감사를 드릴 수 있겠습니까?

1. 나 같은 죄인의 혈통에서 순교의 자식들이 나오게 하셔서 감사합니다.
2. 허다한 많은 성도 중에서 어찌 이런 보배들을 내게 맡겨 주셨는지 감사합니다.

3. 3남 3녀 중에서도 가장 아름다운 두 아들 장자와 차자를 바치게 된 것을 감사합니다.

4. 한 아들의 순교도 귀하거늘 하물며 두 아들의 순교자가 나와 감사합니다.

5. 예수 믿다가 누워 죽는 것도 큰 복인데 전도하다 총살 순교당해 감사합니다.

6. 미국 유학 가려고 준비하던 내 아들, 미국보다 더 좋은 천국에 갔으니 감사합니다.

7. 사랑하는 두 아들을 총살한 원수를 회개시켜 내 아들 삼고자 하는 마음 주셔서 감사합니다.

8. 내 두 아들의 순교로 무수한 천국의 아들들이 생길 것을 감사합니다.

9. 이 같은 역경 중에서 8가지 하나님의 사랑을 찾는 마음, 여유, 믿음 주셔서 감사합니다.

10. 이렇게 과분한 축복 누리게 하심을 감사합니다.

보혜사 곧 아버지께서 내 이름으로 보내실 성령 그가 너희에게 모든 것을 가르치고 내가 너희에게 말한 모든 것을 생각나게 하리라 (요 14:26)

성령 하나님을 의지합시다. 지금의 어려운 환경 속에서도 감사를 깨달을 수 있도록 성령 하나님을 의지합시다. 성령께서 모든 것을 가르치고 생각나게 하십니다. 그 Think를 성령께서 해 주십니다. 그래서 Think(생각)가 Thank(감사)가 되는 것입니다. 감사는 소유의 크기가 아니라, 생각의 크기이고 믿음의 크기입니다.

감사훈련

감사가 무너지면 다 무너지고 감사가 회복되면 다 회복됩니다. 많은 사람들의 기쁨의 조건은 환경입니다. 그러나 환경이 주는 기쁨은 그 환경이 사라져 버리면 기쁨도 사라져 버립니다. 환경 때문에 기뻐하는 사람은 항상 기뻐하라는 하나님의 뜻을 이룰 수 없습니다.

기도하는 자가 하나님을 믿는 자이며 하나님을 믿는 자가 기도하는 자입니다. 기도하는 자에게 하나님은 항상 기뻐할 수 있는 능력을 주시고 범사에 감사할 수 있는 능력을 주십니다.

'항상', '쉬지 말고,' '범사'. 이 세 가지 단어는 시간적인 초월이며 환경적인 초월입니다. 결국 하나님의 뜻대로 살아가는 것은 시간과 환경적 조건을 뛰어넘어서 오직 주님만 바라보라는 것입니다. 범사에 감사할 수 있는 사람은 오직 예수님을 나의 구주로 믿고 그 뜻대로 살아가는 사람들만 가능합니다.

아무것도 염려하지 말고 다만 모든 일에 기도와 간구로, 너희 구

할 것을 감사함으로 하나님께 아뢰라(빌 4:6)

성경은 우리에게 어려운 일을 당할 때도 '감사함'으로 하나님께 아뢰라고 말씀하십니다. 그리스도인들은 어떤 상황에 치해도 당황하지 않고 하나님께서 도우시는 것을 믿어야 합니다. 환경을 초월한 범사의 감사, 항상 감사하는 생활이야말로 성령 충만이며 성숙한 신앙입니다. 감사가 없으면 죽은 신앙입니다. 감사가 없으면 하나님을 신뢰하지 않는 신앙인입니다.

이 세상에서 가장 아름답고 축복된 언어로 사랑, 은혜, 행복 등을 꼽을 수 있겠습니다만, 이 모든 것 위에 감사가 선행되지 않는다면 진정한 행복도, 은혜도, 축복도 아닙니다. 감사 없는 축복은 축복이 아니며 감사 없는 은혜는 은혜가 아닙니다. 또한 감사 없는 사랑도 사랑이 될 수 없습니다. 세상에서 가장 아름다운 축복의 언어인 감사를 표현해야 최고로 행복한 사람이 됩니다. 이 감사를 오늘도 누군가에게 표현함으로 가장 큰 기쁨을 누리기 바랍니다.

감사표현

이번 주 감사대상: 목사님, 전도사님

하나님의 말씀을 통해서 우리는 하나님을 알아 갑니다. 성경은 "잘 다스리는 장로들은 배나 존경할 자로 알되 말씀과 가르침에 수고하는 이들에게는 더욱 그리하라"(딤전 5:17) 말씀해 주고 계십니다. 그렇기에 생명의 말씀을 증거하며 목양하시는 영적인 지도자에게 감사를 표하고 존경을 표하는 것은 지극히 성경적인 것입니다.

감사나눔

1. 인생에 있어서 마지막 한마디를 한다면 어떤 말일 것 같습니까?
2. 데살로니가 교회에게 제시된 신앙생활의 3가지 기본은 무엇입니까?
3. 항상 기뻐할 수 있도록 가능케 만드는 일은 무엇입니까?
4. 환경을 초월하여 감사할 수 있는 능력은 어디에서부터 출발합니까?
5. 누군가 나를 구원하기 위해 자기 아들을 희생했다면 그 사랑은 어떤 사랑입니까?
6. 범사에 감사할 수 있다면 나는 어떤 환경까지 감사할 수 있을까요?
7. 지난주 감사표현을 통해서 깨닫고 느낀 점과 한 주간의 삶 속에서 감사했던 것들을 나눠 보도록 하겠습니다.

감사가 무너지면 다 무너지고
감사가 회복되면 다 회복된다

♥감사일기♥

1) 주변 인물에게 감사 찾기   2) 주변 사물에게 감사 찾기
3) 주변 환경에게 감사 찾기   4) 자기 자신에게 감사 찾기
* 매일 똑같은 내용의 반복 없이 감사의 제목을 찾아서 감사일기를 써 보세요.

[월요일]   년   월   일
①..
②..
③..
④..
⑤..

[화요일]   년   월   일
①..
②..
③..
④..
⑤..

[수요일]   년   월   일
①..
②..
③..
④..
⑤..

감사가 무너지면 다 무너지고 감사가 회복되면 다 회복된다

[목요일]　　년　월　일

① ....
② ....
③ ....
④ ....
⑤ ....

[금요일]　　년　월　일

① ....
② ....
③ ....
④ ....
⑤ ....

[토요일]　　년　월　일

① ....
② ....
③ ....
④ ....
⑤ ....

[주 일]　　년　월　일

① ....
② ....
③ ....
④ ....
⑤ ....

제6과

없을지라도 감사하라

내가 들었으므로 내 창자가 흔들렸고 그 목소리로 말미암아 내 입술이 떨렸도다. 무리가 우리를 치러 올라오는 환난 날을 내가 기다리므로 썩히는 것이 내 뼈에 들어왔으며 내 몸은 내 처소에서 떨리는도다. 비록 무화과나무가 무성하지 못하며 포도나무에 열매가 없으며 감람나무에 소출이 없으며 밭에 먹을 것이 없으며 우리에 양이 없으며 외양간에 소가 없을지라도 나는 여호와로 말미암아 즐거워하며 나의 구원의 하나님으로 말미암아 기뻐하리로다. 주 여호와는 나의 힘이시라. 나의 발을 사슴과 같게 하사 나를 나의 높은 곳으로 다니게 하시리로다. 이 노래는 지휘하는 사람을 위하여 내 수금에 맞춘 것이니라 (합 3:16~19)

사람들의 감사에는 3가지 태도가 있습니다. 첫째는 분명히 감사할 일이 있는데도 감사하지 않는 사람입니다. 둘째는 감사할 일이 있을 때만 감사하고 그렇지 않을 때는 감사하지 않는 사람입니다. 셋째는 감사할 만한 일이 없는데도 감사하는 사람입니다.

여러분들은 어떤 감사의 사람입니까? 감사는 깨닫기만 한다면 끝도 없이 찾을 수 있는 생수와 같은 것입니다. 다만 깨닫지 못해서 감사하지 못합니다. 깨달았다 하더라도 대부분이 감사할 일이 있을 때만 감사하는 경우가 많습니다. 하나님께서 원하시는 감사의 사람은 감사할 일이 없을 때도 감사할 줄 아는 사람입니다. 하나님은 이러한 성숙한 감사의 사람을 찾고 계십니다.

행복은 감사에서 나오지만 그 감사를 깨닫는 것은 쉽지 않습니다. 성숙한 신앙인의 특징은 상황을 뛰어넘는 감사를 드릴 줄 아는 사람입니다. 주변 사람들이 우리들의 감사생활을 보면서 깜짝 놀라야 합니다. 환경적으로는 도저히 감사할 항목이 없음에도 불구하고 늘 감사하는 삶을 통해 주변인들을 깜짝 놀라게 해야 합니다. 이것이 성숙한 그리스도인입니다.

대부분의 감사는 '있음'과 '없음'으로 결정이 됩니다. 많은 사람들은 '있음'에 감사하고 '없음'에 불평과 원망을 하게 됩니다. 감사의 조건은 정말로 '있음'과 '없음'으로 결정이 되는 것일까요?

하나님은 유다 백성들의 죄악에 대해서 강대하고 포악한 갈대아인을 일으켜 심판하실 것을 말씀하셨습니다. 갈대아인은 바벨론을 의미합니다. 갈대아인들은 성격이 포악하고 성급하여 주변 국가들을 잔혹하게 점령하였습니다. 애굽이 그 세력을 잃고, 강대국 앗수르 제국도 신흥강국인 바벨론에 의하여 멸망하였을 때에 바벨론은 강력한 군대를 무기로 유다도 가만히 놔두질 않았습니다.

유다는 정치·경제·문화·종교·군사 등 모든 영역에서 바벨론과 맞서 싸울 만한 능력이 전혀 없었습니다. 머지않아 나라가 멸망할 것이라는 소문까지 이미 퍼진 상태였습니다. 이렇게 갈대아인들의 침입과 유다민족의 심판을 들은 하박국 선지자의 상태는 어떠했습니까?

> 내가 들었으므로 내 창자가 흔들렸고 그 목소리로 말미암아 내 입술이 떨렸도다. 무리가 우리를 치러 올라오는 환난 날을 내가 기다리므로 썩히는 것이 내 뼈에 들어왔으며 내 몸은 내 처소에서 떨리는도다(합 3:16)

창자가 흔들렸고, 입술이 떨렸으며, 뼈가 썩을 정도였으며 마음이 떨렸습니다. 창자는 사람의 오장육부를 구성하는 부분으로서 사람에게 가장 깊은 곳이라 할 수 있습니다. 이것은 그 두려움의 정도가 얼마나 심각했는지를 말해 줍니다. 입술의 떨림 또한 극한 두려움을 표현하며, 뼈가 썩을 정도라는 것과 몸이 떨리고 마음이 떨린다는 표현은 그 근심과 두려움과 공포가 극에 달했다는 뜻입니다. 그 극한의 근심과 공포의 심정 이외에 하박국의 상황은 어떠합니까?

> 비록 무화과나무가 무성하지 못하며 포도나무에 열매가 없으며
> 감람나무에 소출이 없으며 밭에 먹을 것이 없으며 우리에 양이 없
> 으며 외양간에 소가 없을지라도(합 3:17)

무화과나무가 무성치 못하며, 포도나무에 열매가 없고, 감람나무에 소출이 없고, 밭에 먹을 것이 없고, 우리에 양이 없고, 외양간에 소가 없는 상황입니다. 17절 한 구절에 무려 6개가 없다고 고백합니다. 그런데 이런 것들은 단지 목걸이가 없고 귀걸이가 없고 예쁜 가방이 없는 것과는 차원이 다른 것들의 '없음'입니다.

무화과나무와 포도나무, 감람나무는 팔레스타인 지방에서 가장 쓸모 있는 나무들입니다. 삶을 위해서 꼭 필요한 귀한 나무들입니다. 오늘날 우리들의 입장에서 이 나무들을 보면 안 됩니다. 이것들은 있어도 그만 없어도 그만인 나무들이 아니라 이스라엘 백성들에게는 꼭 필요한 나무들이었습니다.

무화과나무 열매는 양식으로, 포도나무는 음료로, 감람나무는 올리브기름으로 생활의 각양 각처에서 소중하게 사용되는 것들입니다. 밭의 식물은 하루 세끼 먹어야 하는 식량이고, 양(洋)은 옷과 젖을 주

는 소중한 동물이며 소는 밭을 갈고 일하는 데 없어선 안 될 가축입니다. 무엇보다 양이나 소는 하나님께 제사 드리는 제물입니다. 그런데 이 소중한 것들을 모두 잃어버렸습니다. 없습니다! 자기 먹고살 것도 없고 하나님께 드릴 제물도 없어져 버렸습니다. 그런데 이 구절에서 우리들의 믿음을 점검해 볼 수 있는 구절이 나옵니다. 바로 '비록… 없을지라도'입니다.

하박국 3장 17절은 '비록… 없을지라도(Though)'로 시작됩니다. '비록… 없을지라도'는 우리들의 믿음을 점검해 볼 수 있는 아주 좋은 기회가 됩니다. 왜냐하면 우리들의 감사의 이유들은 대부분 '있음'에 대한 감사이고, '없음'에 대한 불평이기 때문입니다. 하박국의 고백은 '없음'에 대한 불평이 아닙니다. 가장 두려운 환경 가운데서도 '비록 없을지라도'의 감사입니다.

나는 여호와로 말미암아 즐거워하며 나의 구원의 하나님으로 말미암아 기뻐하리로다(합 3:18)

하박국이 '비록 없을지라도' 기뻐하고 감사하는 이유는 무엇입니까? 하박국의 감사는 '있음'에 의한 감사가 아니며 '없음'에 의한 불평도 아닙니다. 하박국은 기쁨을 환경에 두지 않았습니다. 환경은 창자가 흔들리고, 치가 떨리고, 뼈가 썩어 들어가는 고통의 환경이며 삶에 있어서 가장 중요한 모든 것이 사라져 버리는 환경입니다. 그러나 그럼에도 불구하고 하박국이 기뻐하고 감사하는 이유는 내 눈앞에 보이는 좋은 환경이 아니라 영원불변하신 구원의 하나님으로 감사의 조건, 기쁨의 조건을 삼았기 때문입니다.

모든 것이 사라져도 하나님은 사라지지 않습니다. 그분은 언제나 우리와 함께하시며 우리를 격려하시고, 새 출발할 수 있도록 도와주시는 하나님입니다. 그렇기에 모든 것이 없더라도 하나님만 있다면 충분한 감사의 조건이 됩니다.

주 여호와는 나의 힘이시라. 나의 발을 사슴과 같게 하사 나를 나의 높은 곳으로 다니게 하시리로다. 이 노래는 지휘하는 사람을 위하여 내 수금에 맞춘 것이니라(합 3:19)

우리에게 있어야 할 가장 큰 힘은 주 여호와 하나님이십니다. 우리에게 가장 큰 힘은 바로 주 여호와이십니다. 예수 믿는 사람들은 감사의 대상을 정확히 발견하셔야 합니다. 믿음이 없는 일반 사람들도 감사생활을 합니다. 저들도 가난하더라도 더 가난한 자들을 바라보며 감사하고, 아프더라도 더 아픈 사람들을 바라보며 감사합니다. 그러나 그리스도인들의 감사는 어려운 자들과 비교하며 느끼는 감사가 되면 안 됩니다. 우리의 감사는 감사의 대상과 감사의 정확한 이유가 바로 우리의 믿음이기 때문입니다.

우리는 온 우주를 만드신 창조주 하나님을 믿습니다. 그 창조주 하나님은 역사를 움직이시는 전능하신 하나님이십니다. 그 하나님이 힘의 근원이며, 복의 근원이며, 구원의 근원이십니다. 역사를 주관하시고 환경을 주관하시는 그 하나님이 우리가 믿는 하나님입니다. 그렇기에 우리는 '있음'에 의한 감사도 아니고 '없음'에 의한 불평도 아닌 오직 우리를 구원해 주신 구원의 하나님으로 인하여 감사해야 합니다. 이 감사만 확실히 깨달으면 여러분들의 인생은 복된 인생으로 변화될 수 있습니다.

감사의 조건을 어디에서 찾느냐에 따라 감사와 불평이 갈라집니다. 몸이 건강하고, 사업이 잘되고, 좋은 학교에 들어가고, 승진하고, 평안해서 드리는 것이 감사라면 그 환경이 사라지면 그 감사는 바로 불평이 됩니다.

감사의 조건은 오직 하나님의 구원입니다. 하박국의 감사는 신실하신 하나님의 사랑을 믿으며 구원 때문에 드린 감사입니다. 비록 환난의 소식을 듣고, 가진 것이 없어도 여호와로 인하여 즐거워하고, 하나님으로 인해 찬송하고 감사해야 합니다.

많은 사람들이 불평하고 짜증을 내고 살아가는 것은 환경이 어렵고 힘들며, 가진 것이 없어서 그렇다고 생각합니다. 그러나 근본적인 원인은 외적인 환경이나 소유에 있는 것이 아니라 하나님을 바로 알지 못하기 때문입니다. 하나님을 바로 발견하고 그분이 어떤 분인지 바로 안다면 우리도 하박국 선지자처럼 어떤 환경 가운데서도 감사할 수 있습니다.

뇌성마비 장애를 앓고 있는 송명희 시인은 「나」라는 시에서 '없음'으로 인한 불평이 아닌 '내게 하나님 있음'을 감사로 노래한 찬송 시인입니다.

나 가진 재물 없으나, 나 남이 가진 지식 없으나,

나 남에게 있는 건강 있지 않으나, 나 남이 없는 것 있으니,

나 남이 못 본 것을 보았고, 나 남이 듣지 못한 음성 들었고,

나 남이 받지 못한 사랑 받았고, 나 남이 모르는 것 깨달았네.

공평하신 하나님이, 나 남이 가진 것 나 없지만,

공평하신 하나님이, 나 남이 없는 것 갖게 하셨네.

많은 것을 가진 사람들이 더 갖지 못해서 불평하는 이 시대에 송명희 시인은 하나님을 '공평하신 하나님'이라 찬양합니다. 뇌성마비로 인하여 몸이 꺾이고 자유롭게 말도 할 수 없는 그 시인이 하나님을 공평하신 하나님으로 찬양하는데 왜 우리는 하나님을 불공평하다고 생각하여 매사에 원망과 불평을 하며 삶을 살아가십니까? 재물도 없고, 지식도 없고, 건강도 없는 분이 하나님을 공평하신 하나님이라고 찬양합니다.

감사훈련

감사가 무너지면 다 무너지고 감사가 회복되면 다 회복됩니다. 우리들이 성숙한 감사를 하지 못하는 이유는 남들과 비교하기 때문입니다. '있음과 없음'은 그 누군가와의 비교에서부터 출발합니다. 남들보다 있으면 감사하고 없으면 불평합니다. 눈으로 볼 수 있는 것이 여

러분들의 감사의 제목이 되지 않게 해야 합니다.

돈이나 건강이 감사의 조건이라고 생각하는 사람은 돈이 줄어들면 위기를 느끼고, 건강이 안 좋으면 침울해집니다. 이런 조건들은 항상 움직입니다. 범사에 감사하기 위해서는 이런 조건들이 감사의 조건이 되어서는 안 됩니다. 감사의 조건은 오직 구원의 하나님만 대상 삼으셔야 합니다.

하박국 선지자는 더 이상 눈에 보이는 현실에 묶여 있지 않기로 작정한 사람입니다. 하박국 선지자는 보이지 않는 것을, 보이는 것보다 더 확실하게 붙잡을 수 있는 믿음의 눈이 열렸습니다. 그 눈으로 하나님을 바라보기 시작하였습니다. 그 눈으로 구원의 하나님을 바라봤습니다. 그에게 시선의 변화가 생기니 환경과 상관없이 기쁨을 얻고 감사를 얻습니다. 진정한 감사는 절망 중에도 하나님을 생각함으로 그 은혜 앞에 감사를 깨닫는 것입니다.

시선입니다. 시선을 바꾸셔야 합니다. 환경을 바라보지 마십시오. 하나님을 바라보십시오. 역사의 주관자 되시는 구원자 하나님께 우리들의 시선을 고정시키십시오. 이것이 감사입니다. 우리를 구원해 주시는 하나님께 시선을 고정하시면 창자가 흔들리고, 이가 떨리고, 뼈가 썩어 들어가는 환경일지라도 기쁨과 감사는 여러분들의 몫이 될 것입니다. 없을 때에 감사하는 것이 진정한 감사입니다. 그래서 감사는 믿음이고 신앙입니다. 감사는 삶을 변화시키는 능력이 됩니다. 감사를 통해서 한층 더 높아지는 성숙한 신앙인이 되시기 바랍니다.

　이제 감사를 표현해야 합니다. 감사훈련은 곧 감사표현입니다. 많은 사람들이 감사를 고마움이 있을 때에 표현하는 인사 정도로만 알고 지내다가 막상 감사훈련을 시작하니 감사를 삶으로 살아간다는 것이 쉽지 않음을 느낄 것입니다. 그래도 감사를 표현하며 훈련해야 합니다. 이번에도 감사의 대상을 찾아 감사를 표현하시기 바랍니다.

감사표현 ···

이번 주 감사대상: 교회에서 낮은 모습에서 봉사하는 분

　교회 안에는 보이는 봉사자와 보이지 않는 봉사자가 있습니다. 규모가 있는 교회라면 청소와 궂은일을 담당하는 관리자도 있을 것이고 식당에서 힘겹게 육체적 노동을 하시며 봉사하는 분들도 있을 것입니다. 남들이 하지 않는 그리고 낮은 자의 모습에서 봉사하시는 분들을 꼭 기억하셔야 합니다.

1. 감사의 조건은 정말로 '있음'과 '없음'으로 결정되는 것일까요?

2. 내 창자가 흔들릴 정도로 인생을 살면서 큰 고난을 당한 적이 있으십니까?

3. 지금 내게 무엇이 없음으로 인해 감사가 방해 받고 있습니까?

4. 하박국 선지자는 무엇을 기쁨으로 삼았습니까?

5. 우리에게 있어야 할 가장 큰 힘은 무엇입니까?

6. 내가 바꿔야 할 감사의 조건이 있다면?

7. 지난주 감사표현을 통해서 깨닫고 느낀 점과 한 주간의 삶 속에서 감사했던 것들을 나눠 보도록 하겠습니다.

♥감사일기♥

1) 주변 인물에게 감사 찾기   2) 주변 사물에게 감사 찾기

3) 주변 환경에게 감사 찾기   4) 자기 자신에게 감사 찾기

* 매일 똑같은 내용의 반복 없이 감사의 제목을 찾아서 감사일기를 써 보세요.

[월요일]   년   월   일

① ....

② ....

③ ....

④ ....

⑤ ....

[화요일]   년   월   일

① ....

② ....

③ ....

④ ....

⑤ ....

[수요일]   년   월   일

① ....

② ....

③ ....

④ ....

⑤ ....

감사가 무너지면 다 무너지고 감사가 회복되면 다 회복된다

[목요일]　년　월　일

① ....

② ....

③ ....

④ ....

⑤ ....

[금요일]　년　월　일

① ....

② ....

③ ....

④ ....

⑤ ....

[토요일]　년　월　일

① ....

② ....

③ ....

④ ....

⑤ ....

[주 일]　년　월　일

① ....

② ....

③ ....

④ ....

⑤ ....

제7과

고난 당함에 감사하라

여호와여 주의 말씀대로 주의 종을 선대하셨나이다. 내가 주의 계명을 믿었사오니 명철과 지식을 내게 가르치소서. 고난 당하기 전에는 내가 그릇 행하였더니 이제는 주의 말씀을 지키나이다. 주는 선하사 선을 행하시오니 주의 율례로 나를 가르치소서. 교만한 자가 거짓을 지어 나를 치려 하였사오나 나는 전심으로 주의 법도를 지키리이다. 저희 마음은 살쪄 지방 같으나 나는 주의 법을 즐거워하나이다. 고난 당한 것이 내게 유익이라. 이로 인하여 내가 주의 율례를 배우게 되었나이다. 주의 입의 법이 내게는 천천 금은보다 승하니이다(시 119:65~72)

세계적으로 날지 못하는 새의 종류가 40여 종이 있다고 합니다. 그중에 뉴질랜드를 대표하는 새는 바로 키위입니다. 뉴질랜드는 세 종류의 키위가 있습니다. 하나는 일반적으로 알고 있는 과일 키위 그리고 초기 뉴질랜드에 정착해서 살아오고 있던 영국계 사람들 그리고 나머지 하나는 뉴질랜드를 대표하는 새인데 바로 키위 새입니다. 이 키위 새는 날지 못하는 새로 유명합니다.

뉴질랜드의 경우 조류학자들에 의하면 날개는 있으나 날지 못하는 이유를 새의 천적이 없기 때문으로 보고되고 있습니다. 새의 천적이 되는 다른 동물이 없고 땅에 먹을 것이 풍성하다 보니 새들이 굳이 공중을 날아오를 필요가 없어서 생긴 퇴보 현상이라고 말하기도 합니다.

새는 날아야 새입니다. 날지도 못하는 새를 새라고 말하기는 뭔가 어색함이 있습니다. 천적이 없어서 날 수 있는 능력을 상실해 버린 새의 모습 속에서 우리들은 고난이 내게 주는 의미를 다시금 깨닫게 됩니다.

고난이 있다는 것은 삶 속에서 어려운 일이지만 그 고난이 내 삶에 진정한 날개를 달아 줄 수 있다면 그 고난은 우리 삶에 꼭 필요한 요소가 됩니다. 고난이 우리 삶에 커다란 유익을 준다면 그 고난의 의미를 깨닫는 것은 무척 중요한 일입니다.

서양 속담 중에 '흐르는 냇물에서 돌들을 치워 버리면 그 냇물은 노래를 잃어버린다'는 말이 있습니다. 물의 흐름을 방해하는 돌들 때문에 흘러가는 물에서 아름다운 시냇물 소리가 난다는 것입니다. 우리의 인생도 마찬가지입니다. 역경과 고난이라는 돌이 없다면 아름다운 감사의 찬양과 기쁨도 없을 것입니다. 우리는 고난까지도 감사함으로 하나님께 영광 돌릴 수 있어야 합니다. 그런데 누가 감히 고난을 기뻐할 수 있겠으며 그 고난을 감사함으로 바꿀 수 있겠습니까?

시편 119편은 전체 150편들의 시 중에서 가장 긴 시입니다. 특별히 시편 119편은 하나님 말씀에 대한 중요성을 강조하고 있기에 '율법', '율례', '규례나 계명' 등의 단어들을 바꾸어 가며 다양하게 하나님 말씀에 대한 중요성을 표현하고 있습니다. 고난을 통하여 하나님의 율법을 배우게 되고 그 법을 앞으로도 계속적으로 지킬 것이라는 다짐을 표현하고 있는 시가 바로 시편 119편입니다. 하나님께서 고난을 통해서 당신을 존귀하게 사용하실 것이라는 믿음이 있습니까?

우리가 알거니와 하나님을 사랑하는 자 곧 그의 뜻대로 부르심을
입은 자들에게는 모든 것이 합력하여 선을 이루느니라(롬 8:28)

우리는 보이는 것이 다가 아니라는 사실부터 알아야 합니다. 아무리 행복해 보이는 사람들이라도 그 안에 들어가 보면 다들 고난 없는 인생이 없고 고난 없는 가정이 없습니다. 우리가 인생을 살면서 분명

히 알아야 될 것이 있습니다. 바로 모든 것이 합력하여 선을 이루게 하시는 하나님께서는 우리의 고난을 사용하신다는 것입니다.

우리가 하나님의 뜻대로 부르심을 입은 자들이라면 우리가 당하고 있는 고난 또한 모든 것들이 합력하여 선을 이루게 해 주시는 분이 하나님이십니다. 고난마저 감사의 제목이 될 수 있는 것은 모든 것이 협력하여 선을 이루게 하는 능력이 되기 때문입니다.

고난 당한 것이 내게 유익이라. 이로 인하여 내가 주의 율례를 배우게 되었나이다(시 119:71)

시편 기자는 고난당하는 것이 내게 유익이라는 고백을 합니다. 그 이유는 고난을 통해서 주의 율례를 배우게 되기 때문입니다. 이 말은 고난을 통해서 우리는 하나님을 만나며 하나님의 뜻에 따라 살 수 있는 기회를 얻는다는 것입니다.

주의 율례이신 주의 말씀은 곧 하나님입니다. 그 하나님은 창조주 하나님이시며 전능하신 하나님입니다. 역사를 주관하시고 환경을 주관하시는 하나님입니다. 우리가 다른 것으로는 하나님을 만날 수 없습니다. 오직 말씀으로 하나님을 만날 수 있습니다. 고난이 고통으로 끝나는 것이 아니라 하나님을 만나며 그분의 말씀을 경험할 수 있는 기회가 된다면 고난은 우리 삶 가운데 가장 큰 축복입니다.

모든 은혜의 하나님 곧 그리스도 안에서 너희를 부르사 자기의 영
원한 영광에 들어가게 하신 이가 잠깐 고난을 당한 너희를 친히
온전하게 하시며 굳건하게 하시며 강하게 하시며 터를 견고하게
하시리라(벧전 5:10)

고난의 유익은 또한 우리를 온전케 하는 것입니다. 우리로 하여금
잠깐 고난을 받게 하시는 이유를 성경은 '우리를 친히 온전케 하시기
위함'이라 말씀하고 있습니다. 하나님께서는 고난을 통하여 우리에게
온전함을 갖게 만드십니다. 고난은 하나님께서 우리를 온전하게 단
단하게 사용하실 수 있도록 합니다.

고난은 '해변을 쓸고 지나가는 폭풍'과 같습니다. 때로 우리 마음에
는 더러운 오물이 묻게 됩니다. 그때 고통의 '폭풍'이 없으면 거짓, 위
선, 음행 등이 난무하는 더러운 삶을 살게 됩니다. 그러한 때에 고난
은 우리 삶에 더러움을 쓸고 지나가는 폭풍과 같기에 고통의 '폭풍'으
로 마음의 오물을 씻고 하나님 원하시는 온전한 모습으로 바뀌는 것
입니다.

네 하나님 여호와께서 이 사십 년 동안에 네게 광야 길을 걷게 하
신 것을 기억하라. 이는 너를 낮추시며 너를 시험하사 네 마음이
어떠한지 그 명령을 지키는지 지키지 않는지 알려 하심이라.
너를 낮추시며 너를 주리게 하시며 또 너도 알지 못하며 네 조상

들도 알지 못하던 만나를 네게 먹이신 것은 사람이 떡으로만 사는 것이 아니요 여호와의 입에서 나오는 모든 말씀으로 사는 줄을 네가 알게 하려 하심이니라(신 8:2~3)

고난이 감사한 세 번째 이유는 그 고난이 우리로 하여금 겸손하게 만들어 주기 때문입니다. 이스라엘 백성들에게 광야를 허락하신 이유는 우리를 낮추시며 우리에게 복을 주기 위한 테스트라는 것입니다. 결국 우리는 고난을 통해서 교만했던 우리를 발견하게 되고 고난을 통해서 축복 받을 그릇인지 아닌지를 평가받게 됩니다. 하나님은 교만한 자를 물리치시지만 겸손한 자는 들어 귀하게 사용하십니다. 우리에게 고난이 없다면 우리는 분명히 하나님의 도움 없이도 인생을 살수 있다고 말하는 교만한 사람이 될 것입니다.

그가 아들이시면서도 받으신 고난으로 순종함을 배워서 온전하게 되셨은즉 자기에게 순종하는 모든 자에게 영원한 구원의 근원이 되시고(히 5:8~9)

고난이 감사한 네 번째 이유는 그 고난을 통해서 순종을 배울 수 있기 때문입니다. 모든 그리스도인에게 요구되는 덕목은 바로 주인의 명령에 순종하는 것입니다. 그렇지만 항상 하나님의 말씀에 순종한다는 것은 너무 어렵습니다. 어렵다고 순종을 포기하면 하나님의 뜻을 이룰 수가 없습니다.

예수님께서 순종의 본을 보여 주셨습니다. 예수님의 십자가 순종을 통해서 우리가 사망에서 생명으로 구원을 얻었습니다. 순종은 우리 삶에서 하나님의 약속된 복을 얻을 수 있는 통로가 됩니다. 순종으로 이끌어 가는 통로가 고난이라면 분명 그 고난은 우리에게 큰 감사의 제목이 될 수 있습니다.

> 우리의 모든 환난 중에서 우리를 위로하사 우리로 하여금 하나님
> 께 받는 위로로써 모든 환난 중에 있는 자들을 능히 위로하게 하
> 시는 이시로다.
> 그리스도의 고난이 우리에게 넘친 것 같이 우리가 받는 위로도 그
> 리스도로 말미암아 넘치는도다(고후 1:4~5)

고난의 다섯 번째 유익은 또 무엇이 있을까요? 그것은 바로 고난은 우리로 하여금 다른 사람들을 위로케 하는 능력을 얻게 해 준다는 것입니다. 모든 환난 중에서 우리를 위로하시는 하나님을 통해 우리가 먼저 위로를 얻고 그 받은 위로로서 모든 환난 중에 있는 자들을 능히 위로하는 능력을 고난을 통해서 얻게 됩니다.

내가 10이라는 고난을 겪었다면 100이라는 고난을 겪은 사람을 위로해 주지 못합니다. 그러나 내가 1,000이라는 고난을 겪었으면 100이라는 고난을 겪는 사람을 충분히 위로해 줄 수 있는 능력을 얻게 됩니다.

나의 고난은 누군가를 위로케 하는 능력을 얻어 하나님의 사랑을 전하는 도구가 됩니다. 이 땅에 고난으로 말미암아 힘들어하고 있는 사람들이 너무 많이 있습니다. 우리들이 겪는 고난을 통해서 우리 주변에 더 많은 이들을 위로해 주는 것이 그리스도인의 귀한 사명입니다.

> 우리가 사방으로 우겨쌈을 당하여도 싸이지 아니하며 답답한 일을 당하여도 낙심하지 아니하며 박해를 받아도 버린 바 되지 아니하며 거꾸러뜨림을 당하여도 망하지 아니하고 우리가 항상 예수의 죽음을 몸에 짊어짐은 예수의 생명이 또한 우리 몸에 나타나게 하려 함이라(고후 4:8~10)

고난의 여섯 번째 유익은 주의 능력을 경험하게 하는 은혜의 통로가 되는 것입니다.

그리스도인은 사방으로 우겨쌈을 당하여도 싸이지 아니하며 답답한 일을 당하여도 낙심하지 아니합니다. 박해를 받아도 버린 바 되지 않고 거꾸러뜨림을 당하여도 망하지 않습니다. 왜입니까? 우리 안에 예수의 생명이 있기 때문입니다. 그 예수의 생명이 우리로 하여금 고난 속에서 하나님의 능력을 경험할 수 있게 만들기 때문입니다.

우리는 인생을 살면서 누구나 고난을 겪게 됩니다. 그러나 놀라운 것은 그 고난이 예수 그리스도 안에 있기 때문에 세상 사람들이 볼 때는 비참하게 보지만 우리는 아무렇지 않은 것입니다. 남들은 고난을 당하면 너무 힘에 겨워 고통스러운 삶을 살지만 그리스도인은 그 고난을 쉽게 이겨 내기에 도리어 세상 사람들이 놀라는 것입니다.

우겨쌈을 당한다는 말은 즙을 짜기 위해 포도를 짓누르는 것을 말합니다. 그리스도인들은 사방으로 고난의 우겨쌈을 당하여도 결코 짓눌리지 않습니다. 이것이 바로 고난을 통해서 경험되는 하나님의 능력입니다.

고난을 좋아하는 사람은 이 세상에 단 한 사람도 없습니다. 더욱이 부모 입장에서는 자녀들이 고난당하는 것을 원치 않습니다. 부모의 마음과 사랑이 어디에서부터 나왔습니까? 바로 하나님으로부터 부모의 사랑과 마음이 출발했습니다. 우리 하나님께서는 하나님의 자녀들이 고난 중에 괴로워하는 것을 결단코 원하지 않으십니다. 그럼에도 불구하고 우리 삶 가운데 고난을 허락해 주시는 것은 인간이 알 수 없는 너무도 중요한 뜻이 담겨 있기 때문입니다.

하나님 떠난 인생은 생명의 근원에서 벗어난 것이기에 그 보다 더 큰 슬픔은 없습니다. 그래서 하나님은 고난을 통해서 하나님을 알게 하며 하나님의 뜻에 순종케 하며 온전함과 겸손과 순종을 배울 수 있도록 큰 은혜를 베풀어 주십니다. 그 은혜로 말미암아 우리는 하나님의 전능하심을 경험하며 우리 주변에 있는 아픈 자들을 위로하며 품을 수 있는 능력과 사명을 얻는 것입니다. 그렇기에 고난은 가장 아프지만 우리 삶 가운데 버릴 수 없는 가장 큰 축복의 통로가 됩니다.

　청어 잡이를 하는 영국 어부들의 가장 큰 관심사는 '어떻게 하면 북
해로부터 먼 거리에 있는 런던까지 청어를 싱싱하게 살려서 가지고
갈까' 하는 것입니다. 모든 어부들이 아무리 잘해도 배가 런던에 도착
해 보면 청어들은 거의 다 죽어 있었습니다. 그런데 꼭 한 어부만은
북해에서 잡은 청어들을 싱싱하게 산 채로 런던에 가지고 와서 큰 재
미를 보았습니다.

　동료 어부들이 이상하게 여겨 그 비법을 물었더니 그 어부가 고민
끝에 말하기를 "나는 청어를 넣은 통에다 메기를 한 마리씩 집어넣습
니다"라고 하였습니다. 그러자 모든 어부들은 눈이 동그래지면서 "그
러면 메기가 청어를 모두 잡아먹지 않소?"라고 이구동성으로 물었는
데, 그는 이렇게 말했습니다.

　"네, 메기가 청어를 잡아먹지만 두세 마리밖에 못 먹지요. 그러나
그 통에 있는 다른 많은 청어들은 잡혀 먹지 않으려고 계속 도망쳐 다
니지요. 런던에 올 때까지 모든 청어들은 열심히 헤엄치며 살려고 애
를 쓰지요. 그래서 청어들은 싱싱하게 살아 있는 것입니다."

　청어를 잡아먹는 메기가 없는 것보다 있는 것이 훨씬 청어를 건강
하게 만드는 것처럼, 이 세상에 고난이 있음으로써 우리의 삶은 바른

삶, 건강한 삶을 이룰 수 있는 것입니다.

감사훈련

감사가 무너지면 다 무너지고 감사가 회복되면 다 회복됩니다. 우리는 이 고백을 삶 속에서 반드시 적용하며 경험해야 합니다. 고난은 '소리를 증폭시키는 확성기'라는 말이 있습니다. 하나님은 우리에게 계속적으로 복된 길을 말씀하시는데 우리는 그 하나님의 음성을 듣지 못합니다. 그러나 고난이 올 때는 그 음성이 크게 들립니다. 우리가 겪는 고난은 하나님의 음성을 증폭시키는 확성기가 되어 우리 모두가 하나님의 음성을 들을 수 있도록 해 줍니다.

아름다운 나비의 탄생을 도와주었던 예를 알고 있을 것입니다. 고치에서 나비로 탈바꿈하는 과정에서 쉽게 나올 수 있도록 고치의 위쪽을 찢어 주었더니 쉽게는 나왔지만 나오자마자 얼마 안 되어 죽고 말았답니다. 그 나비의 죽음을 연구한 과학자는 아주 신비한 것을 발견했습니다. 그것은 나비가 고치를 뚫고 나오려고 버둥거릴 때에 날개에서 기름기가 흐르게 되고 그 기름 때문에 나비가 고치에서 나와 햇볕을 받더라도 날개가 마르지 않고 펴져서 하늘을 향해 날 수 있다는 것입니다. 그런데 그 발버둥 치는 과정이 생략되다 보니 날개에 기름이 형성되지 않아 곧 말라 죽게 되었다는 것입니다.

우리도 마찬가지입니다. 고난은 누구나 원치 않습니다. 그러나 고난이 없다면 마치 고난 속에서 몸부림칠 때 형성되는 기름이 없어서 쉽게 넘어지고 쓰러질 것입니다. 우리가 고난 속에서 바둥거릴 때에 하나님께서는 우리에게 성령의 기름을 만들어 주실 것입니다. 고난 속에서의 바둥거림을 통해서 멋진 나비가 되어 높은 곳을 향하여 올라가듯 우리도 그럴 수 있습니다. 참아 내십시오. 지금의 고난이 어떤 고난이든지 하나님의 뜻을 믿으며 참아 내십시오.

감사훈련은 항상 감사를 고백하는 실습으로 완성됩니다. 감사훈련에 감사표현이 빠지면 감사를 배울 수 없습니다. 머피의 법칙으로 유명한 조셉 머피 박사는 "하루 한 번 자신이 받은 모든 은혜에 감사하라. 그러면 은혜가 끊이지 않을 것이다"고 말했습니다. 이 시간 우리가 받은 은혜에 대해서 누구에게 감사를 표현할 수 있을까요? 이번 주도 감사의 대상을 찾아 감사를 표현하는 큰 은혜를 경험하시기 바랍니다.

감사표현

이번 주 감사대상: 지역과 주민을 위한 봉사직에 계신 분

소방관, 경찰, 아파트 경비, 환경미화원 등 내 지역과 주민을 위해서 수고해 주시는 분들이 많이 있습니다. 비록 개인적으로 그분들을 알지 못하지만 그분들의 수고가 있었기에 좀 더 안전하며 쾌적한 삶을 살 수 있는 것입니다. 그분들께 감사를 표현한다면 그분들에게는 여러분들의 감사가 큰 격려가 될 것입니다.

감사나눔

1. 고난의 유익이 있다면 어떤 유익이 있을까요?
2. 우리가 온전케 된다는 것은 어떤 의미입니까?
3. 혹시 교만함 때문에 낭패를 본 사건이 있습니까?
4. 살면서 누군가를 위로해 본 사건이 있다면?
5. 인생을 살면서 제일 힘든 고난은 무엇이었습니까?
6. 왜 하나님은 우리 인생에게 고난을 허락해 주실까요?
7. 지난주 감사표현을 통해서 깨닫고 느낀 점과 한 주간의 삶 속에서 감사했던 것들을 나눠 보도록 하겠습니다.

❤감사일기❤

1) 주변 인물에게 감사 찾기　　　2) 주변 사물에게 감사 찾기
3) 주변 환경에게 감사 찾기　　　4) 자기 자신에게 감사 찾기
* 매일 똑같은 내용의 반복 없이 감사의 제목을 찾아서 감사일기를 써 보세요.

[월요일]　　년　　월　　일

① ....
② ....
③ ....
④ ....
⑤ ....

[화요일]　　년　　월　　일

① ....
② ....
③ ....
④ ....
⑤ ....

[수요일]　　년　　월　　일

① ....
② ....
③ ....
④ ....
⑤ ....

[목요일]   년   월   일
① ....
② ....
③ ....
④ ....
⑤ ....

[금요일]   년   월   일
① ....
② ....
③ ....
④ ....
⑤ ....

[토요일]   년   월   일
① ....
② ....
③ ....
④ ....
⑤ ....

[주 일]   년   월   일
① ....
② ....
③ ....
④ ....
⑤ ....

제8과

용서가 감사를 낳는다

그때에 베드로가 나아와 이르되 주여 형제가 내게 죄를 범하면 몇 번이나 용서하여 주리이까. 일곱 번까지 하오리이까. 예수께서 이르시되 네게 이르노니 일곱 번뿐 아니라 일곱 번을 일흔 번까지라도 할지니라(마 18:21~22)

감사의 삶은 믿음의 삶입니다. 믿음의 삶은 행복의 삶입니다. 그렇기에 행복의 삶은 감사의 삶이 됩니다. 감사의 크기는 행복의 크기와 같습니다. 그러나 그 감사를 방해하는 요인들이 우리 주변에 많이 있습니다. 먼저는 감사가 습관이 되지 않아서 못하는 경우도 있고 감사할 것은 많은데 깨달음이 없어서 못하는 경우도 있습니다. 때로는 내가 겪고 있는 아픔이 너무 커서 감사가 안 나오는 경우도 있습니다.

그렇다면 관계성은 어떻습니까? 우리는 환경에서 겪는 어려움이 클 것이라고 생각하지만 실상은 환경에서 주는 어려움보다 사람과 사람 사이의 관계성에서 겪는 어려움이 더 큽니다. 비록 환경은 어려워도 가족 간의 관계, 친구와 이웃 간의 관계 등이 좋으면 서로 의지하며 행복을 경험할 수 있지만 아무리 환경이 좋다 하더라도 인간관계가 무너지게 되면 그 안에서 행복은 사라지게 됩니다. 여러분들은 지난 과거의 삶 속에서 관계성에 대한 어려움을 겪은 적이 있으십니까?

도저히 용서가 안 되는 사람을 어떻게 용서할 수 있을까요? 머리로는 용서하고 싶은데 마음으로 전혀 용서하고 싶지 않은 사람이 있다면 어떻게 해야 합니까?

베드로는 예수님께 '형제가 내게 죄를 범하면 몇 번이나 용서를 해야 합니까?' 하고 질문을 합니다. 그때 예수님께서는 일흔 번씩 일곱 번까지라도 용서하라 말씀해 주셨습니다. 과연 이것이 가능한 것일까요? 나의 마음을 아프게 하고 나의 가족을 힘들게 했던 사람을 용서할 수 있습니까? 과거에 경험했던 그 억울함과 화가 아직도 풀리지 않아 한 번 용서하기도 힘든데 일흔 번씩 일곱 번까지 용서할 수 있을까요? 왜 예수님은 불가능할 것 같은 용서를 우리에게 요구하고 계실까요?

누가복음에서 죄 용서를 회개(눅 17:3~4)와 결부하여 말씀하시지만 마태복음에는 용서의 전제를 회개와 결부시키지 않고 오히려 예수님의 용서에 대한 관대하심을 표현하여 하나님의 은혜를 더욱 부각시키며 전달하고 있습니다.

용서의 범위를 초월한 끝없는 용서, 무제한적인 사랑을 가르치시면서 일만 달란트를 빚진 자와 백 데나리온 빚을 진 자의 비유를 통해서 우리가 타인을 용서해야 할 근거를 말씀해 주고 계십니다.

> 애굽 사람이 그대를 볼 때에 이르기를 이는 그의 아내라 하여 나
> 는 죽이고 그대는 살리리니 원하건대 그대는 나의 누이라 하라.
> 그러면 내가 그대로 말미암아 안전하고 내 목숨이 그대로 말미암
> 아 보존되리라 하니라(창 12:12~13)

아브라함이 기근을 맞아 애굽에 내려갔을 때에 그의 아내 사라가

너무 아름다워서 사람들이 아내를 얻기 위해 자신을 죽일 수 있다는 두려움 속에서 자신의 아내를 누이라 속이게 됩니다.

사라의 입장에서 남편인 아브라함을 한번 생각해 보십시오. 내가 아브라함의 아내 사라였다면 이 상황 속에서 평범하게 지나갔을까요? 분명 사라는 자신을 지켜 주지 못하는 남편에 대한 상처를 받았으리라 생각합니다. 죽으면 죽으리라 결단하며 자신이 사랑하는 아내를 지켜야 함에도 불구하고 자기의 생명을 지키기 위해서 아내를 누이로 속였다는 것은 현재적 상식선에서 보면 분명 못난 남편, 원수 같은 남편이었을 것입니다.

> 요셉이 그들에게 가까이 오기 전에 그들이 요셉을 멀리서 보고 죽이기를 꾀하여 서로 이르되 꿈꾸는 자가 오는도다. 자, 그를 죽여 한 구덩이에 던지고 우리가 말하기를 악한 짐승이 그를 잡아먹었다 하자. 그의 꿈이 어떻게 되는지를 우리가 볼 것이니라 하는지라(창 37:18~20)

요셉은 형들에게 어떤 상처를 받았습니까? 요셉은 형들에게 따돌림을 당하여 죽이자는 음모를 받게 됩니다. 그래도 피를 나눈 한 가족인데 어떻게 동생을 죽이려는 생각을 했을까요? 만약 요셉이 하나님의 계획을 믿지 못하는 자였다면 형들의 따돌림은 평생토록 용서되지 않는 깊은 상처였을 것입니다.

아시아에 있는 모든 사람이 나를 버린 이 일을 네가 아나니 그중
에는 부겔로와 허모게네도 있느니라(딤후 1:15)

사도 바울에게 있어서는 어떤 상처가 예상되십니까? 생명을 내걸
고 복음을 전하며 사랑했던 동역자들이 한순간에 다 떠나간다면 그
마음의 상처는 어떠했을까요? 아시아에 있는 모든 사람이 사도 바울
을 배신하며 떠나갔을 때에 배신의 행동 그 이전에는 분명 수많은 상
처의 말들이 있었음을 추측할 수 있습니다. 나에게 배신을 한 사람들
에게 용서의 마음을 가질 수 있을까요? 결코 쉽지 않은 상황입니다.

어느 기관에서 자녀들이 누구를 통하여 상처 받는가 조사했더니 아
버지에게서 40.7%, 어머니에게서 32.1%라는 통계가 나왔다고 합니
다. 그리고 상처 받는 이유는 '함부로 하는 말' 때문이라고 합니다. 자
녀들은 부모가 무심코 던진 말 한 마디에 많은 상처를 입게 되는 것입
니다.

무릇 더러운 말은 너희 입 밖에도 내지 말고 오직 덕을 세우는 데
소용되는 대로 선한 말을 하여 듣는 자들에게 은혜를 끼치게 하라
(엡 4:29)

성경은 말의 중요성을 어떻게 강조하고 있습니까? 더러운 말은 입
밖에도 내지 말고 오직 서로 덕을 세울 수 있도록 선한 말, 은혜의 말

만 하도록 당부하고 있습니다. 그러나 우리의 말은 선한 말과 은혜의 말이 아닌 남을 죽이는 말로 상처를 주는 경향이 많이 있습니다.

우리가 받는 많은 상처의 시작은 말로 인한 상처가 대부분입니다. 많은 상처들은 거의 말 때문에 당하는 상처들입니다. 그 상처로 인하여 누군가를 미워하게 되고 그 미움은 상대방에 대한 분노로 쌓이게 됩니다.

우리는 이렇듯 인간의 이기적인 생각과 행동으로 인하여 많은 상처를 받게 됩니다. 그런데 신기하게도 상처 받은 사람들은 많이 있는데 상처 준 사람은 없습니다. 저마다 본인들이 다 상처를 받았지, 상처를 주는 사람은 아니라고 생각합니다. 그런데 우리가 기억해야 할 것은 상처를 주는 사람이 있으니 상처를 받는 것입니다. 우리가 상처를 받았지만 때로는 우리가 상처를 주는 가해자일 수 있음을 기억해야 합니다. 그렇다면 상처 받은 자들이 쉽게 용서할 수 있을까요? 마음의 상처가 클수록 용서하기 어렵습니다. 그럼에도 불구하고 우리는 용서의 삶을 살아야 합니다. 용서의 삶을 살기 위해서는 반드시 성경이 주는 용서의 원칙을 배우셔야 합니다.

결산할 때에 만 달란트 빚진 자 하나를 데려오매(마 18:24)

그 종이 나가서 자기에게 백 데나리온 빚진 동료 한 사람을 만나

붙들어 목을 잡고 이르되 빚을 갚으라 하매(마 18:28)

여러분들은 성경에 나와 있는 일만 달란트와 일백 데나리온의 차이가 어느 정도로 생각이 되십니까? 학자들마다 가치 기준은 서로 차이가 있지만 일만 달란트는 일반 노동자 5천 명이 1년 동안 버는 돈의 가치, 즉 한 사람의 5천 년치 연봉으로 이야기하기도 합니다. 오늘날의 화폐 단위로 따지면 약 6조 원에 해당하는 금액으로 보고 있으며 또 한 데나리온은 하루 품삯이기에 일백 데나리온은 100일치의 임금으로 생각할 수 있습니다. 여기에서부터 우리가 용서해야 할 이유를 발견해 나가야 합니다.

여기에 일만 달란트 빚을 탕감 받은 자가 있습니다. 엄청난 금액을 탕감 받았습니다. 그렇다면 그 일만 달란트 빚을 탕감 받은 자는 본인에게 일백 데나리온 빚을 진 자의 빚을 탕감해 줘야 할까요?

네, 반드시 그렇게 해야 합니다. 그 이유는 이미 그 사람은 상상할수 없는 엄청난 금액인 일만 달란트를 탕감 받았기 때문입니다. 이 사실이 바로 우리가 다른 사람을 용서해야 주어야 하는 이유가 됩니다. 우리는 하나님께로부터 엄청난 빚을 탕감 받았습니다. 죄로 인하여 영원히 죽을 수밖에 없는 엄청난 죄의 빚을 탕감 받았습니다.

만약 일백 데나리온 빚진 자를 용서하여 탕감하지 않는다면 어떻게 됩니까? 일만 달란트 용서받은 사람이 자기 동관 일백 데나리온 빚진 자를 용서하지 못하자 그의 용서받은 일만 달란트가 취소되고 그는 감옥에 갇혀서 고통을 당하게 된 것입니다.

> 이에 주인이 그를 불러다가 말하되 악한 종아 네가 빌기에 내가
> 네 빚을 전부 탕감하여 주었거늘 내가 너를 불쌍히 여김과 같이
> 너도 네 동료를 불쌍히 여김이 마땅하지 아니하냐 하고.
> 주인이 노하여 그 빚을 다 갚도록 그를 옥졸들에게 넘기니라(마
> 18:32~34)

우리도 마찬가지입니다. 우리가 그들을 용서하지 못할 때에는 감옥에 들어 있는 것과 같이 우리 마음이 고통과 괴로움에 짓눌려 자유함을 얻지 못할 것입니다. 용서는 결국 하나님의 은혜를 깨달은 자들의 마땅한 반응이 됩니다. 내가 일만 달란트의 빚을 탕감 받았다면 마땅히 일백 데나리온의 빚을 탕감해 줘야 합니다.

이 땅에서 내게 상처 준 모든 사람들은 내게 일백 데나리온 빚진 자들입니다. 이 세상에서 나를 가장 괴롭히며 내게 큰 아픔과 상처를 준 사람들도 다 내게 일백 데나리온 빚진 자들입니다. 그렇기에 일만 달란트보다 더 엄청난 죄의 빚을 탕감 받은 우리들은 반드시 저들을 용서하는 것이 지극히 정상적인 은혜의 반응입니다.

용서하지 못하면 내가 감옥에 있는 삶을 살게 됩니다. 용서하지 못하면 우리 마음에서 기쁨도 사라지고 감사도 사라지게 됩니다. 우리 삶에 용서가 있을 때에 감사가 회복될 수 있습니다.

많은 사람들은 상대방이 상대방의 잘못을 인정할 때 하는 것이 용서라고 생각합니다. 상대방이 잘못했다고, 미안하다고 사과할 때 하는 것이 용서라고 정의하지만 예수님은 어떻게 하셨습니까?

> 우리가 아직 죄인 되었을 때에 그리스도께서 우리를 위하여 죽으심으로 하나님께서 우리에 대한 자기의 사랑을 확증하셨느니라
> (롬 5:8)

우리가 잘못했다고 사과했을 때에 예수님께서 우리를 위하여 십자가에서 죽으신 것이 아닙니다. 우리가 아직 죄인이었을 때에 예수님께서 우리 죄를 위하여 용서의 대가로 십자가에 죽으셨습니다. 우리가 죽을죄를 지었다고 사과하기 전에 예수님께서 우리를 위해 죽으셨습니다. 이것이 은혜입니다. 이것이 우리가 상대방의 죄를 용서해야 할 출발점이 됩니다.

용서는 상대방이 잘못을 인정하기 전이라도 내가 받은 은혜 때문에 감당하는 것입니다. 이러한 용서가 우리 삶 가운데 진행될 때에 우리는 참 자유를 얻고 용서의 기쁨과 함께 잃어버렸던 감사를 회복할 수

있습니다. 이제는 우리 삶 속에서 인간관계로 인한 상처로 아파하지 않고 용서의 삶을 통해 감사의 기적을 경험하시기 바랍니다.

용서는 때린 사람이 하는 것이 아니라 맞은 사람이 하는 것입니다. 용서는 상처 준 사람이 하는 것이 아니라 상처 받은 사람이 하는 것입니다. 때린 사람은 용서를 구하고 맞은 사람은 용서를 해 주고, 상처 준 사람이 용서를 구하고 상처 받은 사람이 용서를 해 주는 것입니다.

일반적인 상식에서는 죄를 지은 자가 희생을 감당해야 합니다. 용서 받는 자가 희생을 감당해야 합니다. 당연히 잘못한 사람이 용서를 받기 위해서는 희생을 감당해야 하는 것이 맞습니다.

그런데 성경적인 용서는 용서 받는 자가 희생을 당하는 것이 아니라 용서하는 자가 희생을 당하는 것입니다. 일만 달란트 빚진 자를 탕감한 왕은 빚진 자를 용서하면서 일만 달란트의 비용을 희생했습니다. 빚진 자가 희생을 해야 하는데 빌려준 자가 희생을 하게 됩니다.

여기서 우리는 하나님의 사랑을 깨닫게 됩니다. 죄를 짓고 용서를 받아야 하는 사람이 희생을 감당해야 하는데 죄 없으신 하나님이 희생을 감당하셨습니다. 사망에 이르는 죄를 범한 우리를 용서하기 위해서는 죄인인 우리가 희생을 당해야 하는데 그 죄를 용서하시는 하나님이 희생을 당하셨습니다. 그 희생이 바로 독생자 예수 그리스도

이십니다.

우리는 다 양 같아서 그릇 행하여 각기 제 길로 갔거늘 여호와께
서는 우리 모두의 죄악을 그에게 담당시키셨도다(사 53:6)

우리는 어떠한 희생을 치르더라도 하나님께 용서를 빌어야 합니다.
그런데 용서를 받을 사람이 아니라 용서를 하는 입장에서 엄청난 희
생을 치르셨습니다.

우리들은 인생을 살면서 수많은 인간관계로 인하여 서로 실망하고
미워하며 분노합니다. 우리들 마음에 용서함 없이 누군가를 향한 미
움과 분노가 쌓이게 되면 우리 마음속에 있는 행복과 평화를 빼앗기
게 됩니다. 이러한 때에 우리가 내려야 할 결단은 바로 용서입니다.

용서는 하나님의 거룩한 성품입니다. 용서의 성품이 없다면 우리는
다 지옥에 갈 수밖에 없는 존재입니다. 용서의 하나님은 우리가 용서
하기를 원하고 계십니다. 상대방이 용서 받을 자격이 없어도 우리는
용서해야 합니다. 우리도 하나님 앞에서 용서 받을 자격이 없지만 용
서 받았기 때문입니다.

용서하지 않고는 우리 영혼 속에 깊은 상처가 치료 받지 못합니다.
우리가 용서해도 되고 안 해도 되는 것이 아니라 우리 영혼이 살기 위

해서는 반드시 필요한 것이 용서를 실천하는 것입니다. 내 마음에 있는 미운 사람을 용서하는 그 순간 여러분들은 이전에 경험하지 못한 자유함을 얻게 되며 감사가 회복될 것입니다.

한 법대생이 위궤양에 걸려서 피를 토하고 음식도 못 먹고 거의 죽게 되어 병원을 찾았답니다. 모든 약이 효과가 없고 치료가 되지 않자 의사 선생님이 그 법대생에게 "혹시 마음속에 원한을 품고 있는 것이 있느냐?"라고 물었습니다. 그 법대생은 어릴 적 가난했던 시절을 이야기하기 시작했습니다.

"어릴 때 우리 집은 무척 가난했습니다. 가난해서 논을 한 마지기밖에 안 가지고 있는데 논두렁을 같이 한 이웃집은 굉장한 땅 부자였습니다. 그런데 그 이웃집 노인이 자꾸 우리 논을 파먹어 들어오는 것입니다. 그렇게 논이 많음에도 불구하고 한 마지기 있는 우리 논을 야금야금 빼앗아 가는 것입니다. 결국 우리 할아버지와 그 노인이 대판 싸움이 붙었습니다. 그 할아버지가 우리 할아버지를 밀어 할아버지가 논두렁에서 넘어졌는데 돌멩이에 머리를 부딪쳐서 뇌진탕에 걸려 세상을 떠나셨습니다. 그럼에도 불구하고 보상 하나 못 받았습니다. 왜냐하면 그 노인은 돈이 많고 힘이 있기 때문에 자기가 밀어 놓고도 안 밀었다고 하는 것입니다. 나는 어린애였기 때문에 내가 증언을 해도 내 증언을 받아들이지 않고 결국 사고사로 처리돼 보상도 못 받았습니다. 이것이 너무 원한이 돼서 내가 기어코 판사가 되거나 검사가 돼서 이 원수를 갚겠다고 결심했습니다. 그것이 내 생애의 전체 목적입니다. 그래서 나는 고등학교를 마치고 법대에 들어와서 지금 법률을 공부하고 있는데 원수를 갚기 전에 내가 죽게 됐습니다. 위궤양이 걸려서 밥을 못 먹고 이렇게 고통스러워서 어떻게 합니까?"

의사 선생님은 이렇게 말했습니다.

"원수를 갚기 전에 당신이 먼저 죽습니다. 당신의 위궤양은 미움으로 말미암아 다가온 병입니다. 당신이 그 노인에 대한 미움을 놓아버리고 용서하고 축복해 주면 당신이 낫습니다." 이 청년이 고개를 설레설레 흔들었습니다. "너무나 고통스러워서 그렇게 할 수가 없습니다. 그것이 내가 법률을 공부하는 목적인데요."

그러나 결국 이 법대생은 의사 선생님의 말씀대로 그를 용서하고 미워하는 마음을 사랑하는 마음으로 바꾸었고, 위궤양이 나았다고 합니다. 내가 용서하지 않으면 결국 내가 죽는다는 사실을 꼭 기억하시기 바랍니다.

감사훈련

감사가 무너지면 다 무너지고 감사가 회복되면 다 회복됩니다. 감사훈련은 감사표현입니다. 아무리 감사에 대한 지식적인 연구를 많이 했어도 표현되지 않는 감사는 감사가 될 수 없습니다.

한 심리학자가 어떤 마을의 일정한 구역에서 특별한 실험을 하였습니다. 매일 100달러씩 아무런 조건 없이 나누어 준 다음 그 결과를 관찰해 보는 것이었습니다. 첫째 날 집집마다 들러서 현관에 100달러를 놓고 나오는데 사람들은 그를 제정신으로 보지 않았습니다. 두 번째 주쯤 되었을 때는 적응되어 돈을 나눠 주는 사람을 기다렸고 세 번째 주쯤 되자 더 이상 그가 돈을 주는 것이 신기하지 않았고 넷째 주가 되었을 때쯤은 매일 100달러씩 돈을 받는 것이 마치 세끼 밥 먹고 세수하고 출근하는 것 같은 일상사가 되어 버렸습니다. 드디어 실험기한이 끝나고 평소와는 달리 그 마을 사람들에게 돈을 안 주고 지나가니 마을 사람들이 성난 목소리로 "우리 돈은 어디 있습니까" 하며 따지고 불평하고 원망했더랍니다.

이것이 인간입니다. 아무런 대가 없이 공짜로 하루에 100달러를 한 달 동안 받았다면 그것은 큰 은혜입니다. 그런데 그 은혜를 받았음에도 불구하고 그것을 은혜로 깨닫지 못하고 원망하고 불평하는 모습이 바로 우리 인간들의 모습입니다. 내가 받은 은혜를 깊이 생각하여 이제는 그 은혜에 반응하여 감사하는 자가 되어야 합니다. 이번 주도 감사의 대상을 찾아 내가 받은 은혜를 표현하는 믿음의 사람이 되시기 바랍니다.

이번 주 감사대상: 기억하고 싶지 않은 사람

이번 감사는 정말 쉽지 않은 감사표현이 될 것입니다. 기억하고 싶지도 않은 사람에게 감사의 조건을 찾는다는 것은 어렵습니다. 그래서 이번 감사표현은 내가 받은 용서를 실천하는 감사입니다. 내가 그를 마음에서 용서했다는 선포를 가지고 그를 위해 기도해 주시고 안부를 묻는 문자 한 통만이라도 보내 주십시오. 또 다른 감사를 찾는 의미 있는 시간이 될 것입니다.

감사나눔

1. 인간관계는 왜 늘 어렵고 힘든 일일까요?

2. 혹시 친구한테 큰 상처를 받은 적이 있습니까? 있다면 언제입니까?

3. 예수님은 형제를 몇 번까지 용서하라 말씀하셨습니까?

4. 우리가 용서를 구했을 때에 예수님께서 십자가에서 죽으셨습니까?

5. 누군가를 용서하지 못하면 내 마음은 어떤 상태일까요?

6. 지금 이 순간 용서를 선포하며 나를 힘들게 했던 그 사람을 용서해 봅니다. 가능할까요?

7. 지난주 감사표현을 통해서 깨닫고 느낀 점과 한 주간의 삶 속에서 감사했던 것들을 나눠 보도록 하겠습니다.

♥감사일기♥

1) 주변 인물에게 감사 찾기   2) 주변 사물에게 감사 찾기

3) 주변 환경에게 감사 찾기   4) 자기 자신에게 감사 찾기

* 매일 똑같은 내용의 반복 없이 감사의 제목을 찾아서 감사일기를 써 보세요.

[월요일]   년   월   일

① ....

② ....

③ ....

④ ....

⑤ ....

[화요일]   년   월   일

① ....

② ....

③ ....

④ ....

⑤ ....

[수요일]   년   월   일

① ....

② ....

③ ....

④ ....

⑤ ....

[목요일]   년   월   일
① ....
② ....
③ ....
④ ....
⑤ ....

[금요일]   년   월   일
① ....
② ....
③ ....
④ ....
⑤ ....

[토요일]   년   월   일
① ....
② ....
③ ....
④ ....
⑤ ....

[주 일]   년   월   일
① ....
② ....
③ ....
④ ....
⑤ ....

제9과

불평은 감사의 적이다

여호와께서 모세와 아론에게 말씀하여 이르시되 나를 원망하는 이 악한 회중에게 내가 어느 때까지 참으랴. 이스라엘 자손이 나를 향하여 원망하는 바 그 원망하는 말을 내가 들었노라.

그들에게 이르기를 여호와의 말씀에 내 삶을 두고 맹세하노라. 너희 말이 내 귀에 들린 대로 내가 너희에게 행하리니 너희 시체가 이 광야에 엎드러질 것이라.

너희 중에서 이십 세 이상으로서 계수된 자 곧 나를 원망한 자 전부가 여분네의 아들 갈렙과 눈의 아들 여호수아 외에는 내가 맹세하여 너희에게 살게 하리라. 한 땅에 결단코 들어가지 못하리라(민 14:26~30)

세상에는 바이러스 종류가 참 많습니다. 간혹 큰 질병을 일으키는 바이러스가 유행이 되어 세계적으로 불안감을 조성했던 적도 있었습니다. 요즘은 현대의학이 발달되어 머잖아 암 정복의 시대가 온다고 합니다. 그런데 신기한 것은 감기를 가져오는 바이러스만큼은 현대의학의 큰 과제로 남아 있다고 합니다. 암은 정복해 나가는데 감기 바이러스는 쉽게 해결되지 않는다고 합니다. 그 이유는 감기를 일으키는 바이러스가 200여 종이 넘고 계속적으로 신종 바이러스가 생겨나고 있기 때문이랍니다.

바이러스는 인간의 신체는 물론 정보화 시대를 살아가는 현 시대에 아주 치명적인 적이 됩니다. 컴퓨터에 바이러스가 침투하면 모든 정보들이 사라지고 업무들이 마비가 될 정도로 아주 심각한 사태를 초래합니다. 그래서 심각한 컴퓨터 바이러스가 등장하면 세계가 긴장하기도 합니다.

악성 바이러스가 생물체나 컴퓨터 등에 들어오면 큰 손해가 나고 큰 파괴가 일어납니다. 그렇다면 그리스도인의 삶과 신앙에 있어서 대표적인 악성 바이러스는 무엇입니까? 바로 원망과 불평의 바이러스입니다.

이 불평 바이러스가 들어오기 시작하면 개인뿐 아니라 가정이나 교회 그리고 더 나아가 모든 공동체들이 다 망하게 됩니다. 무엇보다도 사랑을 외치는 주님의 몸 된 교회에 불평과 불만 바이러스가 들어오기 시작하면 교회는 건강을 유지하지 못하고 큰 어려움을 겪게 됩니다.

원망과 불평 바이러스는 우리의 믿음과 하나님이 주신 복 모두를 잃어버리게 하는 무서운 영적 독소입니다. 원망과 불평은 자신을 불행하게 만들고, 이웃과 주변 사람들에게 상처를 주며 하나님과의 관계도 끊어지게 만드는 아주 무서운 저주요, 불행의 씨앗이 됩니다.

인간들의 불평은 다음 4단계로 구분됩니다.

첫째, 의식하지 못하고 불평하는 단계입니다. 이 단계는 최악의 상황입니다. 이런 종류의 사람들은 매사가 다 불평입니다. 자기가 불평을 하고 있다는 것조차도 인식 못 하여 항상 삶이 불평으로 가득 찬 사람들입니다.

둘째, 의식하면서 불평하는 단계입니다. 이 수준은 불평이라고 의식을 하면서도 그 불평을 절제하지 못하고 계속적으로 불평하는 단계입니다.

셋째, 의식하면서 불평하지 않는 단계입니다. 이 단계는 불평을 의식하면서 그 불평을 자제하는 단계입니다. 아마도 지금 우리가 하고 있는 감사훈련이 바로 이 단계가 될 수 있습니다.

넷째, 의식하지 않아도 불평하지 않는 단계입니다. 감사훈련의 최종적인 목적이 되겠습니다. 이 단계는 불평의 환경에도 불평이 아닌 감사가 나오는 단계입니다. 의식하지 않아도 불평 대신에 감사가 나오는 단계입니다. 이 단계까지 나아가서야 합니다.

출애굽 한 이스라엘 백성들이 광야에서 모세와 하나님께 지독하게 불평을 범했습니다. 이스라엘 백성들이 출애굽 할 때에는 하나님을 찬양하며 나왔습니다. 애굽에서 행하셨던 10가지 재앙은 이스라엘 백성들을 위한 10가지의 기적이었습니다.

저들은 이러한 기적을 통하여 하나님께서는 신 중의 신이시요, 전쟁에 능하신 하나님이시며 전능하신 하나님이심을 찬양하며 출애굽 했습니다. 또한 말로 형용할 수 없는 위대한 홍해 바다의 기적까지 경험하게 되었습니다. 그런데 이런 기적과 은혜를 체험하고서도, 이스라엘 백성들은 매번 불평을 일삼았습니다. 물이 없다고 불평하고, 고기가 없다고 불평하고, 마늘이나 부추가 없다고 늘 불평하였습니다. 저들은 장소와 환경과 상황이 바뀔 때마다 불평했습니다.

시간이 흘러 이스라엘이 가데스 바네아라는 곳에 도착했습니다. 그곳에서 모세는 지파별로 한 명씩 열두 정탐꾼을 뽑아 가나안 땅을 40일 동안 탐색하고 돌아오도록 합니다. 그 결과 열 명의 정탐꾼들은 그 땅 사람들은 모두 거인이라서 우리는 그들에게 있어서 메뚜기와 같은 존재라며 우리는 도저히 이길 수 없다는 부정적인 보고를 하였습니다. 반면 2명의 정탐꾼인 여호수아와 갈렙은 똑같은 환경과 똑같은 상황을 보고 와서 긍정적인 보고를 하였습니다. 이 일로 온 회중이 웅

성거리며 감사를 선택한 것이 아니라 불평을 선택하기 시작했습니다. 감사가 아닌 불평을 선택한 이스라엘 백성의 결과는 어떠했습니까?

> 너희 시체가 이 광야에 엎드러질 것이라.
> 너희 중에서 이십 세 이상으로서 계수된 자 곧 나를 원망한 자 전부가 여분네의 아들 갈렙과 눈의 아들 여호수아 외에는 내가 맹세하여 너희에게 살게 하리라. 한 땅에 결단코 들어가지 못하리라
> (민 14:29~30)

출애굽 한 20세 이상 계수된 사람들 중에 여분네의 아들 갈렙과 눈의 아들 여호수아 외에는 하나님께서 약속하신 가나안 땅에 결단코 들어가지 못하게 되었습니다. 이스라엘 백성이 하나님께 원망하고 불평하는 순간 하나님께서 약속하신 가나안 땅의 축복이 박탈당하게 되었습니다. 우리가 반드시 기억해야 할 것은 불평하면 축복이 박탈당합니다. 또한 불평으로 인한 또 다른 결과는 무엇입니까?

> 너희는 그 땅을 정탐한 날 수인 사십 일의 하루를 일 년으로 쳐서
> 그 사십 년간 너희의 죄악을 담당할지니 너희는 그제서야 내가 싫어하면 어떻게 되는지를 알리라 하셨다 하라(민 14:34)

그들의 불평으로 인하여 이스라엘 백성은 축복 받을 시점이 40년이나 연기되었습니다. 원래 이스라엘 백성들에게 40년 광야는 계획된

것이 아니었습니다. 그렇지만 저들의 불평으로 인하여 가나안 땅을 탐지했던 40일을 하루에 1년씩 환산하여 40년으로 저들이 받을 축복의 시기를 연기해 버린 것입니다.

이스라엘은 그들의 불평으로 인해 가나안의 축복이 박탈당하고 축복 받을 그 시점이 40년 후로 도망가 버렸습니다. 이것은 오늘날도 마찬가지입니다. 우리도 오늘날 불평하면 축복이 박탈당하거나 축복이 도망가게 됩니다. 감사는 축복을 당겨 주는 능력이 있지만, 불평은 축복을 멈추며 도망가게 하는 능력이 있습니다.

> 그 땅이 어떠한지 정탐하라. 곧 그 땅 거민이 강한지 약한지 많은지 적은지와 그들이 사는 땅이 좋은지 나쁜지와 사는 성읍이 진영인지 산성인지와 토지가 비옥한지 메마른지 나무가 있는지 없는지를 탐지하라. 담대하라. 또 그 땅의 실과를 가져오라 하니 그때는 포도가 처음 익을 즈음이었더라(민 13:18~20)

하나님은 왜 가나안 땅에 살고 있는 거민들이 강한지 약한지, 땅이 좋은지 나쁜지, 토지가 비옥한지 메마른지를 탐지하도록 명하셨을까요? 가나안 땅의 정탐 목적이 이스라엘 백성들의 전쟁 승패율을 알아보기 위해서였을까요? 아닙니다. 가나안 정탐을 통해서 이스라엘 백성들의 전쟁 승패율을 알아보기 위함이 아닙니다. 이미 하나님께서 가나안 땅을 아브라함과 이삭과 야곱의 삶을 통해서 자손들에게 주

기로 약속한 땅입니다

> 내가 아브라함과 이삭과 야곱에게 주기로 맹세한 땅으로 너희를
> 인도하고 그 땅을 너희에게 주어 기업을 삼게 하리라. 나는 여호
> 와라 하셨다 하라(출 6:8)

가나안 정탐꾼들은 자신들이 들어가는 땅이 얼마나 비옥한 땅인지, 얼마나 아름답고 좋은 땅인지 알아보면서 하나님의 약속을 확인하고 오는 것입니다. 전쟁의 승패율이 아닙니다.

그들은 하나님의 언약을 생각하지 않았습니다. 아브라함과 이삭과 야곱에게 약속하신 그 약속을 신실하게 지켜 주시리라는 하나님의 신실함과 전능하심을 망각해 버린 것입니다. 그렇기에 아무리 여호수아와 갈렙이 긍정적인 보고를 해도 필요가 없었습니다. 오히려 모세와 여호수아와 갈렙에게 돌까지 던지려고 합니다. 불평이 강력한 원망으로, 그리고 강력한 원망이 핍박으로까지 발전된 것입니다.

> 여호와께서 모세에게 이르시되 이 백성이 어느 때까지 나를 멸시
> 하겠느냐. 내가 그들 중에 많은 이적을 행하였으나 어느 때까지
> 나를 믿지 않겠느냐(민 14:11)

하나님을 멸시하는 행위는 어떤 행위입니까? 성경은 하나님을 믿

지 않는 행위가 하나님을 멸시하는 행위라 말씀하고 있습니다. 많은 사람들은 신앙생활을 하면서 하나님을 멸시하는 행위를 한 적이 없다고 생각할 것입니다. 감히 우리 피조물이 어떻게 전능하신 창조주를 멸시할 수 있겠습니까? 그런데 이스라엘 백성이 하나님을 멸시했습니다. 하나님의 신실하심을 믿지 못하는 그 자체가 바로 하나님을 멸시한 행동이며 그 믿지 못하는 행동이 바로 불평입니다. 불평과 불만은 하나님을 욕하는 행위이며 멸시하는 행동입니다.

불평은 우리가 믿는 그 신앙을 향해 정면으로 역행하는 표현입니다. 하나님의 선하심, 하나님의 신실하심을 부인하는 행동입니다. 원망과 불평은 하나님의 선하신 역사와 인도하심을 미리 부인하는 불신앙의 행동이기에 그것 자체가 하나님을 모욕되게 하는 것이며 그분을 경시하는 행동이 됩니다.

> 그들에게 이르기를 여호와의 말씀에 내 삶을 두고 맹세하노라. 너희 말이 내 귀에 들린 대로 내가 너희에게 행하리니(민 14:28)

불평이 우리 삶 가운데 치명적인 또 다른 이유는 무엇입니까? 그것은 바로 하나님 귀에 들리는 대로 행하시겠다는 것입니다. 하나님께서는 우리의 기도만 들으시는 분이 아닙니다. 우리의 평상시 말하는 것 모두를 다 듣고 계십니다.

우리가 불평의 말을 하면 그 불평의 말로 인해 우리가 죽게 됩니다. '나는 죽는다'라고 말했기에 저들이 죽음을 당한 것입니다. '나는 저들 앞에 메뚜기처럼 죽을 수밖에 없는 존재다'라는 그 불평의 말이 들려서 그 들린 대로 하나님께서 시행하신 것입니다.

원망한 대로 원망의 환경을 만드시고 불평한 대로 불평의 환경을 만들어 주십니다. 이 얼마나 무서운 말씀입니까? 그렇다면 불평의 환경을 축복의 환경으로 전환하기 위해서는 무엇이 필요할까요?

아무것도 염려하지 말고 다만 모든 일에 기도와 간구로, 너희 구할 것을 감사함으로 하나님께 아뢰라(빌 4:6)

감사가 필요합니다. 염려하지 말라는 것은 이미 염려할 사항에 놓여 있다는 것을 뜻합니다. 그러나 염려되는 모든 상황일 때에 감사함을 가지고 기도하면 하나님께서 그 문제를 해결해 주신다는 것입니다. 우리가 감사함으로 하나님께 간구하면 하나님은 우리에게 큰 은혜를 허락해 주십니다. 우리 하나님은 우리에게 어떤 은혜를 경험케 하실까요?

그리하면 모든 지각에 뛰어난 하나님의 평강이 그리스도 예수 안에서 너희 마음과 생각을 지키시리라(빌 4:7)

감사로 기도하면 하나님께서 우리들의 마음과 생각을 완전히 장악해 버리신다고 약속하셨습니다. 하나님 주시는 평강으로 우리 맘을 장악해 버리신다고 약속하고 계십니다. 세상이 알 수 없는 그 진정한 평강, 오직 하나님만이 주실 수 있는 하나님의 평강으로 우리의 마음과 생각을 장악해 버리십니다. 이것이 바로 감사의 능력입니다.

감사의 단계에 따라 은혜의 단계도 다르며 축복의 단계도 다릅니다. 얼마나 감사를 잘하느냐에 따라 우리가 받을 은혜도, 우리가 누릴 축복도 분량이 다릅니다. 아무리 환경이 어둡고 불평과 불만이 가득한 상황일지라도 우리가 그 환경에서 역설적인 감사를 드리면 그에 따라 하나님도 우리를 그 만큼 그 불평의 환경 속에서 역설적으로 우리를 축복해 주십니다.

감사한 만큼 하나님의 은혜를 경험합니다. 또한 그 은혜에 감사한 만큼 하나님의 축복을 경험하게 됩니다. 이제는 그 어떤 환경 속에서도 불평이 아닌 감사가 우리 삶 가운데 충만하길 원합니다.

인생을 살다 보면 매사가 불만인 사람이 있을 수 있고 매사에 맘이 들지 않아 퉁퉁거리는 사람이 있을 것입니다. 여러분들은 어느 때에 화가 나고 짜증이 나십니까? 돌이켜보면 우리는 큰일보다는 작은 일에 쉽게 화가 나고 짜증이 나기 쉽습니다. 집에서 양말을 찾을 때에 아무리 찾아도 안 보일 때에 '엄마' 하고 소리 지르면서 짜증 냅니다. 동생이 내 옷을 입거나 내 물건을 만졌을 때에 짜증 냅니다.

사실 우리가 화가 나고 짜증이 나는 일은 그렇게 중대한 일은 아닙니다. 그런데 매사에 짜증이 나오고 불평이 나오면 그 불평 때문에 나도 넘어지고 남도 넘어지게 됩니다. 어떤 경우에도 불평은 축복을 연기하는 것이며 축복을 단절시키는 것입니다. 성경 어디를 보아도 불평이 있는 곳에는 축복이 없었습니다. 그리고 언제나 불평은 축복 받을 시점을 연기시켜 버리고 말았습니다.

불평 많이 하는 사람들치고 은혜 충만한 사람 없습니다. 불평 많이 하는 사람들치고 성령 충만한 사람 없습니다. 은혜를 충만히 받았다 할지라도 불평하면 당장 은혜를 까먹어 버리고 맙니다. 아무리 복을 많이 받았다 할지라도 불평하기 시작하면 그 순간 복은 도망가기 시작합니다.

조그마한 문제 앞에 감사를 못 하면 큰 문제 앞에서는 절대로 감사할 수 없습니다. 우리 삶 가운데 감사가 사라져 버리면 우리는 작은 일에도 짜증을 내며 살아갑니다. 작은 것부터 감사하는 훈련을 해야 합니다.

스펄전은 "깜깜한 밤일지라도 별빛에 감사하는 사람에게는 하나님께서 달빛을 주시고 그 달빛에 감사하는 사람은 햇빛을 주시고 햇빛에 감사하는 사람에게는 영원한 천국의 광명을 주신다"고 했습니다. 감사를 의도적으로 훈련하지 않으면 쉽게 입술에서 잊히게 됩니다. 지금 있는 작은 것부터 감사를 시작하십시오. 지금 경험하고 있는 평범한 일상부터 감사를 시작해 보십시오. 우리가 경험하고 있는 일상이 얼마나 큰 기적인지를 깨닫게 될 것입니다.

감사훈련

감사가 무너지면 다 무너지고 감사가 회복되면 다 회복됩니다. 감사는 신앙의 본질이요, 하나님 섬김의 본질이 되며, 하나님을 믿고 하나님을 인정하며 그분의 신실하심과 전능하심을 철저히 인정하는 것이 됩니다.

불평의 영향력을 간과해서는 안 됩니다. 불평은 우리 인생을 망가트리는 아주 무서운 질병이며 축복을 방해하는 강력한 저주의 바이러스입니다.

성숙한 신앙은 웬만한 상황에서도 불평하지 않습니다. 오히려 불평을 감사로 바꾸어 버립니다. 우리는 성숙한 신앙인이 되어야 합니다. 불평을 감사로 바꿔 버리는 성숙한 신앙인이 되셔야 합니다.

혹시 불평이라는 악성 바이러스에 감염된 사람이 있습니까? 축복받을 시점이 연기됩니다. 축복이 떠나갑니다. 모든 데이터를 한꺼번에 잃어버리듯 지금까지의 모든 축복이 한꺼번에 날아갈 수 있습니다. 백신을 얻으셔야 합니다. 백신은 바로 '감사'입니다.

최악의 상황을 최고의 상황으로 바꿀 수 있는 능력은 하나님께 있습니다. 이 사실을 믿는 자가 바로 감사하는 자입니다. 하나님을 향한 절대적인 믿음을 갖고 감사의 능력을 경험하기 바랍니다. 그 감사의 능력은 우리가 감사를 표현할 때에 경험할 수 있습니다. 감사표현은 나를 살리고 남을 살리며 하나님께 영광을 돌리는 아름다운 행동입니다.

감사표현 ....

이번 주 감사대상: 학교 또는 교회 선생님
우리가 이 땅에서 배움을 갖도록 헌신으로 가르쳐 주신 선생님들의 은혜를 기억하기 원합니다. 배움이 없었다면 지금의 우리도 없었을 것입니다. 나에게 큰 깨달음이나 가르침을 주셨던 선생님을 생각하면서 감사하는 시간을 갖습니다.

감사나눔

1. 악성 바이러스로 인해서 중요한 컴퓨터 정보를 잃어버린 적이 있으십니까?
2. 우리의 믿음과 하나님이 주신 복을 잃어버리게 하는 악성 바이러스는 무엇입니까?
3. 똑같은 환경 속에서 누구는 부정을, 누구는 긍정을 이야기하는 이유는 무엇입니까?
4. 이스라엘 백성의 불평으로 인하여 약속의 땅에 들어갈 축복이 몇 년 연기되었습니까?
5. 하나님을 믿지 않는 행위를 하나님은 어떤 행위로 보십니까?(민 14:11)
6. 나의 불평을 감사로 바꿔 본다면 무엇이 있을까요?
7. 지난주 감사표현을 통해서 깨닫고 느낀 점과 한 주간의 삶 속에서 감사했던 것들을 나눠 보도록 하겠습니다.

♥감사일기♥

1) 주변 인물에게 감사 찾기   2) 주변 사물에게 감사 찾기
3) 주변 환경에게 감사 찾기   4) 자기 자신에게 감사 찾기
* 매일 똑같은 내용의 반복 없이 감사의 제목을 찾아서 감사일기를 써 보세요.

[월요일]   년   월   일
① ....
② ....
③ ....
④ ....
⑤ ....

[화요일]   년   월   일
① ....
② ....
③ ....
④ ....
⑤ ....

[수요일]   년   월   일
① ....
② ....
③ ....
④ ....
⑤ ....

감사가 무너지면 다 무너지고 감사가 회복되면 다 회복된다

[목요일]　　년　월　일

① ....

② ....

③ ....

④ ....

⑤ ....

[금요일]　　년　월　일

① ....

② ....

③ ....

④ ....

⑤ ....

[토요일]　　년　월　일

① ....

② ....

③ ....

④ ....

⑤ ....

[주 일]　　년　월　일

① ....

② ....

③ ....

④ ....

⑤ ....

제10과

비교의식은 감사를 무너뜨린다

몸은 한 지체뿐만 아니요 여럿이니. 만일 발이 이르되 나는 손이 아니니 몸에 붙지 아니하였다 할지라도 이로써 몸에 붙지 아니한 것이 아니요. 또 귀가 이르되 나는 눈이 아니니 몸에 붙지 아니하였다 할지라도 이로써 몸에 붙지 아니한 것이 아니니. 만일 온몸이 눈이면 듣는 곳은 어디며 온몸이 듣는 곳이면 냄새 맡는 곳은 어디냐(고전 12:14~17)

서울의 어느 교회 목사님이 자기 교회 대학생을 대상으로 상담을 했습니다. 먼저 지방대학에 다니는 학생에게 "대학에 다니니 행복하지?"라고 묻자, 이 학생이 "아니요, 대학에 다니면 뭐해요. 지방대학인데"라고 했습니다. 목사님은 서울에 있는 대학을 다니는 학생에게도 똑같은 질문을 했습니다. 그러자 이 학생은 "서울에 있는 대학을 다니면 뭐해요. S대도 아닌데"라고 했습니다. 목사님은 S대에 다니는 청년을 만나 똑같이 물었습니다. 그런데 이 S대에 다니는 학생은 "S대에 다니면 뭐해요. 학과가 좋지 않은데"라고 했습니다. 얼마 후 목사님은 S대에서 좋은 학과를 다니는 학생을 만나 "넌 정말 행복하지?"라고 물었습니다. 그러자 이 학생은 "좋은 학과에 다니면 뭐해요. 수석도 못하는데"라고 했답니다.

이 이야기를 통해 우리는 인간이 가지고 있는 비교의식이 얼마나 우리를 불행하게 만드는지를 깨닫게 됩니다. 우리가 처한 상태에서 한 단계 올라가면 정말 행복할 것이라고 생각하지만 그 위에 또 다른 계단이 존재하고 있음을 우리는 쉽게 발견하게 됩니다.

사단이 즐겨 사용하는 무기가 있습니다. 바로 '비교의식'입니다. 모든 불행의 시작은 다 비교의식 속에서 출발하게 됩니다. 비교의식은 행복을 방해하는 적이며 감사를 방해하는 방해꾼입니다.

비교의식은 끝없는 경쟁사회로 우리를 몰아갑니다. 그러다 보니 많은 사람들이 남들과 비교하면서 항상 더 앞서기 위해 애를 씁니다. 항상 비교의식이 주는 열등감 속에 살아가다 보면 그 안에서 행복은 멀리 도망가게 됩니다.

그 어떤 사람도 비교의식 속에서는 참된 만족과 행복을 얻지 못합니다. 그 이유는 어떤 영역에서든지 우리보다 더 많은 능력을 소유한 자들을 항상 만나게 되기 때문입니다.

비교의식은 우리의 영혼을 압사시키는 사단의 가장 강력한 무기입니다. 명문대학교 학생들의 상담 중에서 가장 많은 상담 내용이 열등감의 문제라고 조사된 바 있습니다. 탁월한 학생들이지만 더 우수한 학생들과 비교하다가 만성적인 열등감에 시달린다는 것입니다.

> 가인이 그의 아우 아벨에게 말하고 그들이 들에 있을 때에 가인이
> 그의 아우 아벨을 쳐죽이니라(창 4:8)

성경에 기록된 최초의 살인사건은 가인이 동생 아벨을 죽이는 사건입니다. 가인도 하나님께 제사를 드렸고 아벨도 하나님께 제사를 드렸지만 하나님께서 동생 아벨의 제사만을 받으시자 화를 내고 동생을 죽였습니다. 물론 가인의 죄악 때문에 하나님께서는 그의 제사를 받지 않으셨지만 분명 그 살인사건의 배후에는 자신의 잘못을 파악하지 못한 채 동생과의 비교의식과 열등의식이 자리 잡고 있었음을

알 수 있습니다.

> 요셉은 노년에 얻은 아들이므로 이스라엘이 여러 아들들보다 그
> 를 더 사랑하므로 그를 위하여 채색옷을 지었더니 그의 형들이 아
> 버지가 형들보다 그를 더 사랑함을 보고 그를 미워하여 그에게 편
> 안하게 말할 수 없었더라(창 37:3~4)

야곱의 열 아들이 동생 요셉을 죽이고 싶을 정도로 미워하는 이유
는 무엇이었습니까? 바로 아버지 야곱이 여러 아들들 보다 요셉을 더
사랑함으로 동생 요셉에 대한 미움이 생겼기 때문입니다. 결국 야곱
의 열 아들들은 시기심으로 동생을 죽이려다가 미디안 사람 상인들
에게 팔아먹고 아버지를 속입니다. 먼저는 자녀를 차별대우한 야곱
의 실수도 문제이지만 그 실수 속에서 형들의 범죄는 비교의식과 무
관하지 않습니다.

> 여인들이 뛰놀며 노래하여 이르되 사울이 죽인 자는 천천이요 다
> 윗은 만만이로다 한지라(삼상 18:7)

사울 왕은 오랜 시간 다윗을 죽이려 했습니다. 그 이유는 무엇입니
까? 다윗은 이스라엘 백성이 골리앗 앞에서 큰 위기를 겪을 때에 골
리앗을 물리침으로 이스라엘을 구원해 준 믿음의 사람입니다. 그런
데 사울 왕은 골리앗으로부터 자기 민족을 지키고 자기 백성들을 구

원한 다윗의 수고에 감사하기보다는 "사울이 죽인 자는 천천이요 다윗은 만만이로다"라는 여인들의 노래를 듣고는 비교의식에 사로잡히게 됩니다. 왕인 자신의 능력보다 다윗의 능력을 더 칭찬하는 소리를 듣고는 사울 왕은 그때부터 비교의식에 사로잡혀 나랏일 하기보다는 다윗을 죽이려는 일에 더욱 집중하였습니다. 이렇듯 비교의식은 감사를 빼앗고 행복을 빼앗고 심지어는 남의 생명까지 빼앗을 정도로 무서운 무기가 됩니다. 그렇다면 이 비교의식을 극복할 수 있는 성경적 근거는 무엇입니까?

태초에 하나님이 천지를 창조하시니라(창 1:1)

"태초에 하나님이 천지를 창조하시니라." 이 말씀에서 우리를 불행으로 이끌어 가는 비교의식을 차단하는 방법이 제시되고 있습니다. 무엇입니까? 바로 '창조의식'입니다. 우리는 비교의식에서 벗어나 하나님께서 이 세상을 창조하셨다는 '창조의식'에 사로잡혀야 합니다.

태초에 하나님이 천지를 창조하셨으며 우리 인간을 창조하셨습니다. 그 전능하신 하나님이 우리 인간을 만드셨고 그 인간을 창조하신 하나님은 실수 없으시고 완전하신 하나님이십니다. 그러니 지금 우리들의 모습과 환경 또한 철저한 하나님의 계획 아래 있다는 것을 믿는 것이 바로 창조의식입니다.

사도 바울은 하나님께서 창조하신 우리 인간 몸에 있는 모든 지체가 하나라는 예를 통해서 은사의 다양성과 통일성을 말해 주고 있습니다. 즉 몸에는 많은 지체들이 있지만 그 다양한 지체는 결국 한 몸을 이룬다는 것입니다. 사도 바울은 고린도 교인들 가운데서 상대방의 은사를 자신의 은사와 비교하면서 열등감을 느끼는 성도들에게 교훈과 권면의 말을 하고 있습니다.

> 만일 발이 이르되 나는 손이 아니니 몸에 붙지 아니하였다 할지라
> 도 이로써 몸에 붙지 아니한 것이 아니요. 또 귀가 이르되 나는 눈
> 이 아니니 몸에 붙지 아니하였다 할지라도 이로써 몸에 붙지 아니
> 한 것이 아니니(고전 12:15~16)

만약 우리 몸 중에서 눈, 코, 입 그리고 손과 발이 서로 싸워 밀쳐 낸다면 어떻게 되겠습니까? 하나님께서는 우리를 창조하실 때 가장 아름다운 조화와 각각의 꼭 필요한 기능을 갖도록 창조하셨습니다. 발이 '사람들은 손을 더 소중하게 여기니 나는 필요 없어' 하고 그 몸에서 떨어져 나간다면 건강한 몸이 될 수 없습니다. 옛날 말에 몸이 천 냥이면 눈은 구백 냥이라는 말이 있습니다. 눈이 우리 지체에서 너무 중요하다는 뜻입니다. 그렇다고 귀가 이르되 '나는 소중한 눈이 아니니 몸에 붙어 있지 않겠다'고 한다면 그 몸은 어떻게 되겠습니까? 건강한 몸이 절대로 될 수 없습니다. 그렇다면 왜 우리를 손이나 눈으로만 만들지 않고 다른 지체로 만들어 주셨습니까?

만일 온몸이 눈이면 듣는 곳은 어디며 온몸이 듣는 곳이면 냄새

맡는 곳은 어디냐.

그러나 이제 하나님이 그 원하시는 대로 지체를 각각 몸에 두셨으

니 만일 다 한 지체뿐이면 몸은 어디냐. 이제 지체는 많으나 몸은

하나라. 눈이 손더러 내가 너를 쓸 데가 없다 하거나 또한 머리가

발더러 내가 너를 쓸 데가 없다 하지 못하리라(고전 12:17~21)

온몸이 눈이면 듣는 곳은 어디겠습니까? 온몸이 듣는 곳이면 냄새

맡는 곳은 어디겠습니까? 성경은 완전하신 하나님께서 그 원하시는

대로 지체를 각각 몸에 두셨다고 말씀하십니다. 오히려 성경은 몸의

더 약하게 보이는 지체가 도리어 요긴하고 중요하다는 것을 말씀하

고 계십니다.

우리는 그가 만드신 바라. 그리스도 예수 안에서 선한 일을 위하

여 지으심을 받은 자니 이 일은 하나님이 전에 예비하사 우리로

그 가운데서 행하게 하려 하심이니라(엡 2:10)

우리가 비교의식이 아닌 창조의식을 갖게 된다면 창조의 목적이 분

명할 것입니다. 하나님께서 우리를 만드신 이유는 어디에 있습니까?

하나님께서는 우리를 예수 안에서 선한 일을 위하여 지으셨다고 말

씀하고 계십니다.

우리는 예수 안에서 선한 일을 위하여 완벽하게 지음 받은 존재입니다. 하나님 앞에서 온전하십시오. 비교의식이 아닌 창조의식에 사로잡혀 살아가십시오. 비교의식은 하나님의 코드가 아닌 마귀의 코드입니다. 마귀는 사람을 속이고 죽이고 멸망하게 합니다. 그렇기에 비교의식은 우리를 좌절하게 합니다. 비교의식은 모든 분쟁의 원인이 되고 시기와 미움, 절망, 분노, 좌절을 불러 일으켜 영혼을 병들게 합니다. 비교의식에서 벗어나지 못하면 무엇을 소유해도, 어떤 환경에 처해도 자족하지 못하며, 늘 열등감에 빠져 패배주의자로 살게 됩니다. 마귀의 코드가 비교의식 속에 우리를 무너뜨리는 것이라면 하나님의 코드는 자족이며 감사입니다. 감사할 때 역사가 일어납니다.

우리는 '틀리다'는 것과 '다르다'는 것의 차이를 정확히 이해해야 합니다. '틀리다'라는 말은 계산이나 사실이 같지 않을 때 사용합니다. 반면 '다르다'라는 말은 어떤 대상을 두고 비교하여 같지 않을 때 사용합니다.

사람들은 이 차이를 헷갈려 합니다. 내가 원하는 그 사람과 비교하여 거기에 내가 충족되지 못하면 나는 틀렸다고 생각하여 좌절합니다. 틀린 것이 아니라 다른 것인데 그 다름을 인정하지 못합니다. 인간에게는 각각의 독특성이 있습니다. 하나님께서는 지금 우리에게 가장 최선의 것, 최고의 것을 허락해 주셨습니다. 남과 비교하여 내 외모가 틀렸고 내 환경이 틀렸다고 생각하지 마십시오. 내 부모와 다른 사람의 부모도 비교하지 말고, 내 가정환경과 다른 사람의 가정환경과도 비교하지 마십시오. 내가 결코 남이 되려 할 필요는 없습니다.

> 큰 집에는 금 그릇과 은 그릇뿐 아니라 나무 그릇과 질그릇도 있어 귀하게 쓰는 것도 있고 천하게 쓰는 것도 있나니. 그러므로 누구든지 이런 것에서 자기를 깨끗하게 하면 귀히 쓰는 그릇이 되어 거룩하고 주인의 쓰심에 합당하며 모든 선한 일에 준비함이 되리라(딤후 2:20~21)

'틀림'이 아닌 '다름' 속에서 하나님이 찾으시고 쓰시는 사람은 어떤 사람입니까? 큰 집에는 금 그릇이 있고 은 그릇이 있으며 나무 그릇과 흙으로 만든 질그릇도 있다고 사도 바울은 말합니다. '틀렸다'가 아니라 '다르다' 입니다. 이 말씀은 하나님의 주권과 더불어 우리로 하여금 창조의식을 깨닫게 해 주는 말씀입니다.

우리는 하나님이 절대주권을 가지신 분이라고 믿습니다. 그 절대주권을 가지신 하나님께서 우리를 만드셨습니다. 문제는 그릇이 크다 적다가 아닙니다. 금 그릇이다 은그릇이다 그 재질이 문제가 아닙니다. 하나님께서 원하시는 사람은 어떤 그릇이든지 간에 '자기를 깨끗하게 하면 귀히 쓰는 그릇이 된다'고 약속하고 계십니다. 이 말은 더 이상 비교의식에 사로잡히지 말고 자신을 깨끗케 하기 위해 더 거룩함에 힘쓰면 전능하신 하나님께서 우리를 귀하게 사용해 주신다는 것입니다.

남들에게 있는 것이 내게 없다고 불평하며 비교의식 속에 살아가면 행복과 가까워질 수 없습니다. 인생을 살면서 참된 승리를 경험할 수 없게 됩니다. 우리 주변에는 항상 우수한 사람들은 언제고 늘 많이 있습니다. 하지만 그것이 우리로 하여금 인생이라는 경주를 포기하게 하지는 못합니다.

우리에게 주어진 능력대로 우리가 할 수 있는 만큼 최선을 다하면서 하나님만 의지하며 하나님만 바라보며 달려가다 보면 언젠가는 하나님께서 우리를 높이시며 귀하여 사용해 주십니다. 그리스도인들은 이 사실을 믿는 자들입니다.

세계에서 가장 행복지수가 높은 나라들은 다 가난한 나라들입니다. 방글라데시, 바누아투 등등 늘 가난한 나라들이 행복지수가 높습니다. 반면 그 나라에 비해서 월등히 잘살고 있는 대한민국은 행복지수가 하위입니다. 바로 비교의식 때문에 그렇습니다. 나의 가진 것으로 만족하지 않고 더 많이 가진 사람과 비교하다 보니 항상 부족감을 느끼고 불평하게 됩니다.

한국 사회에서 사용되는 '엄친아'라는 단어는 사단의 전략입니다. 잘나가는 엄마 친구의 아들과 비교함으로 우리를 불행하게 만들도록 하는 엄친아 사상은 사단의 전략임을 기억하십시오. 비교의식은 항상 손해입니다. 잘난 사람들과 비교하여 절망하게 만들고 못난 사람과 비교하여 교만하게 만듭니다. 비교의식이 주는 사단의 속임수를 꼭 기억하여 이제는 창조의식으로 말미암아 하나님 안에서 높은 자존감을 가지며, 하나님 쓰시기에 합당한 깨끗한 그릇으로 준비되시기 바랍니다.

토끼와 거북이의 경주 이야기를 우리는 다 알고 있습니다. 그 경주에서 누가 이겼습니까? 거북이가 이겼습니다. 토끼의 패배와 거북이의 승리의 원인은 무엇일까요? 토끼는 목표는 보지 않고 경쟁자인 거북이만을 보았기 때문입니다. 토끼는 상대편 선수가 느림보 거북이이기 때문에 자신과 비교를 한 것입니다. 반면 거북이는요? 거북이는 오직 목표만 바라보고 최선을 다해 달렸습니다. 만약 거북이가 토끼를 보며 비교의식에 사로잡혔다면 거북이는 아예 처음부터 달리기시합조차 하지 않았을 것입니다.

거북이는 상대 선수를 의식하지 않았습니다. 거북이는 자신에게 빨리 달리는 능력이 없다는 것을 한탄하지 않고 자신에게 있는 은근과 끈기를 가지고 경주했습니다. 그리고 그곳에 먼저 도착했습니다. 그는 토끼와 자신을 비교하지 않았습니다. 그저 자신이 할 수 있는 것을 최선을 다해 한 것입니다. 우리 삶 가운데 장애를 가지고 있거나 가난이나 어려운 환경을 가진 채 이 경쟁사회에서 살아간다는 것은 충분히 불리할 수밖에 없습니다. 하지만 그것이 목표를 포기하게 할 수는 없습니다. 하나님이 함께하시면 능치 못함이 없기 때문입니다. With God nothing is impossible.

반지하 단칸방에 사는 사람에게 100평 되는 주택을 무상으로 준다면 행복에 겨워 하늘을 날아갈 것입니다. 하지만 그 주택이 비버리힐 즈의 초호화 주택 사이에 끼어 있다면 그들이 불행을 느끼는 데는 긴 시간이 필요하지 않을 것입니다.

비교한다는 것은 이런 것입니다. 자신은 전혀 다름이 없이 똑같은 데 갑자기 더 큰 사람보다 작아지고, 더 많이 가진 사람보다 가난하게 됩니다. 비교는 시작하면 끝이 없습니다. 모든 것이 상대적이기 때문 입니다. 세상에는 항상 우리보다 더 잘난 사람들, 더 가진 사람들, 더 잘하는 사람들이 가득합니다. 비교하는 순간, 우리는 갑자기 작아지고, 보잘것없어지고 불행해집니다.

비교의식은 감사를 빼앗고 스스로가 불행하게 사는 지름길입니다. 또 언제 자신이 남들에게 뒤처질지 모르기에 계속 앞으로 나아가야 한다는 압박감을 낳습니다. 그렇기에 우리는 비교의식이 아닌 창조 의식에 사로잡혀야 합니다. 우리가 남과 비교하여 내 자신의 외모나 환경 등을 통해서 스스로를 욕하게 되면 결국 우리를 창조하시고 역 사와 환경을 주관하신 하나님을 신뢰하지 않는 모습이 됩니다. 그러 나 창조의식에 사로잡히는 그때부터는 확실히 자유하게 됩니다. 외 모에서 자유하게 되고 환경에서 자유하게 됩니다. 하나님에 대한 절 대적인 믿음을 가지고 이제 창조의 목적을 깨닫고 그 목적대로 살아 가는 인생 되시기 바랍니다.

감사가 무너지면 다 무너지고 감사가 회복되면 다 회복됩니다. 많은 이들이 동창회에 나갔다 온 후에 열등감과 무력감에 시달린다고 합니다. 친구들을 만남으로 비교하게 되고 자존감을 상실하기 때문입니다. 외모도, 소유도, 성공도 비교하면서 겉으로는 웃고 있지만 속으로는 비교의식 속에서 불만과 짜증이 솟구칩니다. 마귀가 역사하는 것입니다.

그 비교의식을 십자가에 못 박으셔야 합니다. 그러지 않으면 우리는 시시각각으로 몰려오는, 마귀의 참소와 조소 앞에 한순간에 무너지게 됩니다. 사람들은 자기 안에 있는 놀라운 잠재력을 보기 전에 남이 갖고 있는 능력만을 보기에 실망하며 포기하는 경향이 있습니다. 남과 자신을 비교하는 것은 자신 안에 있는 성공의 요소를 스스로 무너뜨리는 행위입니다.

나에게 있는 소중한 가치를 발견하십시오. 하나님은 절대로 실수하시는 하나님이 아니십니다. 우리를 향한 놀라운 계획을 가지고 우리를 창조하셨습니다. 하나님께서 우리 안에 허락해 주신 소중한 가치를 발견하십시오. 그러면 매 순간 감사하면서 행복을 누릴 수 있습니다.

지금의 나 자신에 대해서 감사하십시오, 지금의 내 상황에 대해서 감사하십시오. 절대 다른 사람과 비교하지 마십시오. 가치기준은 다 다를 수 있습니다. 아프리카 어느 부족은 뚱뚱한 여인이 최고의 미인이 되어 대접 받는 부족도 있습니다.

비교의식이 아닌 하나님의 창조의식 속에 감사함을 가지십시오. 남과 비교하지 마십시오. 내 외모와 다른 사람의 외모도 비교하지 마십시오. 내게 있는 가장 소중한 가치를 발견하지 못하고 남의 떡만 크게 보면서 세월을 낭비하지 마십시오.

당신은 하나님께서 만드신 최고의 걸작입니다. 그리고 지금 당신의 상황은 하나님께서 당신에게 진정한 복을 허락해 주시기 위한 최고의 상황입니다. 그러니 항상 감사함으로 승리하는 믿음의 사람이 되십시오.

이젠 그 깨달은 감사를 표현함으로 감사를 완성하십시오. 인간이 자신의 감정을 표현한다는 것은 매우 중요합니다. 내가 지금 기분이 좋은지, 나쁜지 표현하지 못하면 안에서 병이 생기고 외부에서는 수많은 오해를 낳을 수도 있습니다. 표현하는 방법을 안다는 것은 참으로 중요합니다. 그러나 표현하는 방법을 알기 위해서는 표현하는 습관을 기르는 것이 더욱 중요합니다.

감사도 마찬가지입니다. 주변인들에게 작은 것이라도 계속적으로 감사를 표현하기 시작하면 그 표현된 감사로 인하여 진정한 감사를 더욱 깨달을 수 있게 됩니다. 표현된 그 감사를 통해서 자신은 물론 주변인들에게도 더 좋은 효과를 맺어 풍성한 기쁨을 얻게 될 것입니다. 감사의 표현은 나를 기쁘게 하며 남을 행복하게 해 주는 최고의 행동입니다. 감사훈련은 감사표현 훈련입니다. 그 훈련을 잘 감당하다 보면 분명 지금보다도 더 많은 기쁨과 감동을 얻게 될 것입니다.

감사표현

이번 주 감사대상: 내 생일을 기억하여 챙겨 준 분

누군가 나를 기억하고 내 생일을 기억하여 축하해 주었다는 것은 인생을 살면서 참 기분 좋은 일입니다. 과거를 돌이켜 보며 뜻하지 않게 내 생일을 기억해 준 분이나 해마다 내 생일을 기억하여 축하해 준 분께 그때 참 감동이었다고 감사를 표현해 보십시오. 더욱더 아름다운 관계가 맺어질 것입니다.

1. 외모와 배경에 대해서 남들과 비교해 본 적 있다면 언제였으며, 누구였습니까?

2. 비교의식에 사로잡힌 자의 결말은 어떠할까요?

3. 하나님이 우리를 창조하신 이유는 무엇입니까?

4. 틀리다는 것과 다르다는 것은 어떤 의미입니까?

5. 하나님이 쓰시는 사람은 금 그릇입니까?(딤후 2:20~21)

6. 비교의식과 창조의식을 설명해 보십시오.

7. 지난주 감사표현을 통해서 깨닫고 느낀 점과 한 주간의 삶 속에서 감사했던 것들을 나눠 보도록 하겠습니다.

감사가 무너지면 다 무너지고
감사가 회복되면 다 회복된다

♥감사일기♥

1) 주변 인물에게 감사 찾기   2) 주변 사물에게 감사 찾기
3) 주변 환경에게 감사 찾기   4) 자기 자신에게 감사 찾기
* 매일 똑같은 내용의 반복 없이 감사의 제목을 찾아서 감사일기를 써 보세요.

[월요일]   년   월   일
①..
②..
③..
④..
⑤..

[화요일]   년   월   일
①..
②..
③..
④..
⑤..

[수요일]   년   월   일
①..
②..
③..
④..
⑤..

[목요일] 년 월 일

① ....
② ....
③ ....
④ ....
⑤ ....

[금요일] 년 월 일

① ....
② ....
③ ....
④ ....
⑤ ....

[토요일] 년 월 일

① ....
② ....
③ ....
④ ....
⑤ ....

[주 일] 년 월 일

① ....
② ....
③ ....
④ ....
⑤ ....

제11과

나의 약함을 감사하라

이스라엘 자손이 여호와께 부르짖으매 여호와께서 그들을 위하여 한 구원자를 세우셨으니 그는 곧 베냐민 사람 게라의 아들 왼손잡이 에 훗이라. 이스라엘 자손이 그를 통하여 모압 왕 에글론에게 공물을 바 칠 때에(삿 3:15)

우리들은 인생을 살 때에 강점만 좋은 것이고 약점은 안 좋은 것이라는 생각을 하게 됩니다. 그러다 보니 강점이 많고 장점이 많은 사람들은 늘 씩씩하고 자신감 있게 당당하게 살아가지만 약점이 많은 사람들은 항상 그 약점으로 인해 자신감을 상실한 채 늘 기죽어 살게 됩니다.

우리가 깨달아야 할 것은 강점이 강점이고, 약점이 약점이 아니라 때로는 강점이 약점이 되고 약점이 강점이 될 수 있다는 것입니다. 아무리 강점이 많은 자라도 그 강점으로 인하여 하나님을 붙잡지 않으면 그 강점은 약점이고 단점이 됩니다. 그러나 아무리 약점이 많은 자라도 그 약한 부분으로 인하여 하나님을 붙잡게 된다면 그 약점은 강점이 됩니다.

뛰어난 학식을 가진 자라도 그 지식 때문에 역사를 주관하시고 환경을 주관하시는 하나님을 보지 못한다면 그 지식은 강점이 아니라 약점이 됩니다. 물질적인 면도 마찬가지입니다. 많은 재물을 소유했다 하더라도 그 물질의 풍부함이 가난한 자를 무시하며 하나님을 신뢰하지 않는 이유가 된다면 그 부유함은 축복이 아니라 저주가 되는 것입니다.

성공이라고 다 성공이 아닙니다. 성공이 실패가 될 수 있습니다. 반면 실패라고 다 실패가 아닙니다. 실패가 성공이 될 수 있습니다. 우리들이 가지고 있는 장점이 우리를 교만하게 만든다면 그 장점은 우리 인생의 큰 약점이 되어 실패하는 인생이 될 것입니다. 그러나 우리들의 약점이 하나님 손에 붙잡힌 바 된다면 그것은 큰 장점이 되어 하나님 앞에 위대한 인생으로 살아가게 될 것입니다.

감사함은 하나님을 향한 믿음이며 신앙입니다. 그런데 우리가 하나님을 향한 믿음을 가지고 있으면서도 감사가 나오지 못하는 이유가 있습니다. 바로 우리들이 가지고 있는 연약함이나 약점 때문입니다. 우리들의 외적인 콤플렉스나 삶속에서의 연약함이 많이 발견될수록 감사하기가 쉽지 않을 것입니다.

약점으로 인하여 갖지 못하는 감사는 비교의식 속에서 갖지 못하는 감사와 사뭇 다를 수 있습니다. 어쩌면 비교의식은 상대적인 비교에서 출발한다면 약점은 절대적인 비교에서 출발하기 때문입니다. 그렇기에 내 생김새가 이쁘고 못생기고를 떠나서 우리의 외모나 삶 속에 치명적인 약점들이 있을 때 우리는 감사가 나오기보다는 그 약점을 주신 하나님께 원망과 불평을 하게 됩니다.

또한 이 약점은 사회생활 속에서도 문제가 되어 항상 약점을 감추려는 의도적인 노력을 하게 됩니다. 약점을 감추고자 의도적인 노력을 하는 것 그 자체가 불행입니다. 그렇다면 왜 하나님께서는 우리들이 원치 않는 약점들을 허락하실까요? 그리고 그 약점들이 어떻게 감사로 바뀔 수 있을까요?

　힘 있는 사람들은 그 힘을 사용하고픈 유혹이 늘 있습니다. 경쟁사회 속에서는 어떠한 힘이든지 그 힘을 갖고 싶어 합니다. 왜냐하면 그것은 자연스런 인간의 욕망이기 때문입니다. 돈 많은 사람들은 돈의 힘을 사용하고 싶고 권력을 가진 사람들은 그 권력을 사용하면서 자신의 욕망을 채우길 원합니다. 그러나 우리가 강하다고 생각하는 그것이 결코 우리를 바른 삶으로 이끌어 가는 것은 아닙니다. 때로는 우리가 약하다고 생각하는 그것이 우리를 행복하게 하며 창조의 목적대로 움직일 수 있게 해 줍니다. 나의 약점이 나의 행복을 가로막는 것이 아니라 나의 약점이 오히려 진정한 행복을 찾을 수 있는 통로가 되는 것입니다.

　　나에게 이르시기를 내 은혜가 네게 족하도다. 이는 내 능력이 약
　　한 데서 온전하여짐이라 하신지라. 그러므로 도리어 크게 기뻐함
　　으로 나의 여러 약한 것들에 대하여 자랑하리니 이는 그리스도의
　　능력이 내게 머물게 하려 함이라(고후 12:9)

　여러분들은 자신의 약점을 숨기지 않고 자랑할 수 있습니까? 누구나 자신이 갖고 있는 장점을 자랑하고 싶어 하지, 약점을 자랑하고 싶어 하지 않습니다. 그런데 그 약점을 자랑했던 믿음의 사람이 있었습니다. 바로 사도 바울입니다.

사도 바울은 자신의 삶과 사역 속에서 치명적인 약점이 있었습니다. 그 약점을 '육체의 가시'로 표현하고 있습니다. 육체의 가시이며 치명적인 약점에 대해서 오히려 자랑한다고 고백합니다. 자신의 약점을 자랑하는 문화는 인류 역사에 찾아보기 어렵습니다. 누구도 약한 것을 좋아하지 않습니다. 그렇기에 자신의 약함을 드러내고 싶어 하지 않고 오히려 숨기고 싶어 하는 것이 우리 인간의 본능입니다.

인간관계를 생각해 볼 때에 어떤 부분에 대해서 아주 예민하게 반응하는 사람이 있습니다. 그 이유는 그 예민한 부분이 자신의 약점이기 때문입니다. 약점이 있는 사람은 늘 자신을 방어하는 입장에만 서 있다 보니 자신의 약점 앞에서 늘 예민하게 반응하는 습성이 있습니다. 그런데 사도 바울은 오히려 자신의 약함을 자랑한다는 고백을 하고 있습니다.

> 여러 계시를 받은 것이 지극히 크므로 너무 자만하지 않게 하시려고 내 육체에 가시 곧 사탄의 사자를 주셨으니 이는 나를 쳐서 너무 자만하지 않게 하려 하심이라(고후 12:7)

우리들의 약점에는 반드시 하나님의 큰 목적이 있습니다. 사람들은 강점만을 강점이라고 말하지만 그 강점이 오히려 우리를 무너뜨리는 수단이 됩니다. 바로 교만입니다. 사도 바울에게 육체의 가시를 준 이유는 바로 너무 자고하지 않게 하기 위함입니다. 자고(自高)란 인간에게 있어서 스스로를 높이는 행위입니다. 인간이 자고하는 순간 하나님은 그 안에서 역사하시지 않습니다.

> 나에게 이르시기를 내 은혜가 네게 족하도다. 이는 내 능력이 약한 데서 온전하여짐이라 하신지라. 그러므로 도리어 크게 기뻐함으로 나의 여러 약한 것들에 대하여 자랑하리니 이는 그리스도의 능력이 내게 머물게 하려 함이라(고후 12:9)

우리의 약점이 강점이 될 수 있는 이유는 그 약점을 통해서 하나님의 능력이 나타나기 때문입니다. 그 약점을 통해서 하나님의 하나님 되심을 나타낼 수 있기 때문입니다. 우리들의 약점은 하나님의 전능하심을 경험하게 되는 놀라운 강점이 됩니다. 그리스도인들에게 있어서 약점은 하나님의 능력을 경험하는 축복의 통로가 되기에 약함이 강함이 되는 것입니다.

사사기의 특징은 이스라엘 백성들의 배신과 하나님의 끊임없는 사랑입니다. 평안한 때는 하나님을 잊고 우상 숭배의 길을 걷다가 주변 국들로 인하여 압제를 당하여 어려움에 처하면 하나님께 부르짖어 주께로 돌아오는 것의 반복이 사사시대의 특징입니다.

첫 번째, 사사 웃니엘의 죽음과 함께 40년의 태평세월도 끝이 나고 다시금 이스라엘 백성은 하나님을 떠나 우상 숭배의 길로 타락하게 됩니다. 이때에 하나님께서는 18년 동안 모압 왕 에글론의 지배를 받으며 고통 속에 있는 이스라엘의 부르짖음을 듣습니다. 이때 하나님께서는 이스라엘 백성들을 사랑하시기에 여호와께 부르짖는 이스라엘을 구원하기 위해 또 한 사람의 사사를 세우시는데 그가 바로 에훗입니다.

> 이스라엘 자손이 여호와께 부르짖으매 여호와께서 그들을 위하여 한 구원자를 세우셨으니 그는 곧 베냐민 사람 게라의 아들 왼손잡이 에훗이라. 이스라엘 자손이 그를 통하여 모압 왕 에글론에게 공물을 바칠 때에(삿 3:15)

성경은 사사 에훗을 어떻게 묘사하고 있습니까? '왼손잡이 에훗'이라 소개하고 있습니다. 그런데 여기에서 말하는 왼손잡이는 오른손보다 왼손을 더 잘 사용해서 왼손잡이가 아니라 원어적으로 보면 오른손을 사용하지 못해서 왼손잡이가 된 사람이라는 뜻에 더 가깝습니다. 그래서 실제로 스페인어 새 번역은 에훗을 "오른손이 불구인 사람"이라고 글자 그대로 번역하고 있습니다.

생각해 보십시오, 사사로서 나라를 지켜야 할 군인과 같은 리더가 한 손을 못 쓴다는 것은 감당하기 힘든 약점입니다. 더욱이 왼손잡이도 아닌 오른손의 사람이 오른손을 못 쓴다면 그 정도가 더욱 심각할 것입니다. 칼을 사용하는 것은 꿈도 못 꾸고 방패는 들 수도 없을 것입니다. 이 약점은 군인으로서 감당하기 힘듭니다. 다른 군인들을 통솔하기도 만만치 않습니다.

그렇다면 에훗의 약점이 사사로서는 치명적이지만 하나님께서도 그를 사용함에 대해서도 치명적일까요? 절대 그렇지 않습니다. 에훗의 약점은 사람 앞에서는 문제요, 치명적인 약점일 수 있지만 하나님 앞에서는 결코 문제가 되지 않습니다. 어쩌면 하나님은 여타 다른 수많은 오른손잡이, 혹은 두 손을 다 쓸 수 있는 사람들보다 오히려 약점이 있는 그를 택하셔서 하나님 나라를 세우기 원하십니다.

대부분 장점이 있는 사람들은 하나님을 의지하기보다는 그 장점을 의지하는 경향이 큽니다. 장점이 많은 사람일수록 자신의 성공이 하나님의 도우심이 아닌 자신의 장점 때문에 있다고 생각합니다. 그래서 하나님께 영광 돌리기보다는 자신에게 영광 돌리는 경우가 많습니다. 우리가 기억해야 할 것은 하나님께서는 강점을 가지고 자기 자신이 영광 받는 사람 보다 약점이 있고 단점이 있고 콤플렉스가 있는 사람들을 고쳐서 큰일을 하기 원하십니다.

두려워하지 말라. 내가 너와 함께함이라. 놀라지 말라. 나는 네 하나님이 됨이라. 내가 너를 굳세게 하리라. 참으로 너를 도와주리라. 참으로 나의 의로운 오른손으로 너를 붙들리라(사 41:10)

성경에서는 하나님께서 우리를 도와주실 때 오른손이라는 표현을 자주 사용하십니다. 오른손은 능력을 상징합니다. 오른손이 없는 왼손잡이 에훗에게 누가 그의 오른손이 되어 주셨습니까? 하나님이 에훗의 오른손이 되어 주셨습니다.

우리가 갖는 믿음은 내 오른손의 능력보다 하나님 오른 손의 능력이 위대하며 전능함을 깨닫는 것입니다. 우리가 하나님을 의지하며 나아갈 때에 하나님이 나의 오른손이 되어 주십니다. 하나님께서는 사람들이 장점이 많을 때, 성공할 기회가 너무 많을 때 사용하지 않으십니다. 그 이유는 그 성공을 자신의 능력이라 착각할 수 있기 때문입니다.

성경학자들은 에훗의 사건을 이렇게 평가했습니다. "오른손을 못 쓰던 에훗, 그는 자신의 단점 때문에 하나님을 의지했다. 그랬더니 주님의 오른손이 에훗의 오른손이 되어 주셨다." 결국 에훗의 단점이고 콤플렉스였던 오른손 때문에 하나님을 더 의지하게 되어 하나님께서 에훗의 오른손이 되어 에훗을 크게 사용했던 것입니다.

하나님은 우리들의 약한 부분 때문에 우리들을 더 좋아하십니다. 우리가 우리의 장점을 의지하지 않고 오직 하나님만을 의지하여 살 수 있다면 하나님은 우리의 약점과 콤플렉스를 고쳐서 더 크게 사용하실 것입니다.

만일 우리가 우리의 강점으로 일한다면 그 일의 결과를 통해서 하나님은 드러나지 않고 오직 나만 드러나게 될 것입니다. 그러나 우리의 약점이 일한다면 그것은 기적이고 은혜이기에 그 약점을 통해서 하나님이 들어나시게 되며 하나님께 영광 올려드리는 삶을 살 수 있습니다.

하나님의 관심은 우리의 강점에 있는 것이 아니라 오히려 우리의 약점에 있습니다. 하나님은 교만한 건강한 사람보다는 겸손한 병든 사람을 고쳐서 쓰십니다. 하나님은 교만한 똑똑한 사람보다는 겸손한 지혜 없는 사람을 들어 지혜를 주셔서 사용하십니다. 하나님은 겸손한 실패자를 재기시켜서 사용하십니다. 그래서 세상 기준으로 볼 때 분명한 약점이 있음에도 불구하고 하나님 앞에 귀하게 쓰임 받는 사람이 많은 것입니다.

우리들 가운데 에훗처럼 신체적 약점을 가지신 분이 있습니다. 때로는 정신적으로 고통 받는 분도 있습니다. 혹은 환경적으로, 혹은 재정적으로 불리한 여건에 처해 있을 수도 있습니다. 그러나 약점 때문에 좌절하지 말고 절망에 빠지지 마십시오.

에훗처럼 왼손을 잘 써서 왼손잡이가 아니라 오른손이 없어서 왼손밖에 사용할 수 없는 연약한 인생입니까? 의로운 오른손이신 하나님을 의지합시다. 우리를 구원하시기 위하여 독생자 아들 예수 그리스도까지 십자가에 내어 주신 그분께서 여러분들의 약점과 단점들을 들어 사용하길 원하십니다.

지금 어떠한 문제 앞에서 좌절하고 계십니까? 혹시 자신의 약점 때문에 불안해하면서 나는 안 된다고 주저하고 있습니까? 날 구원하신 예수님을 만나십시오. 하나님 안에 있으면 영원한 생명이 여러분들의 것이 되고 이 땅에서 당당하게, 행복하게 하나님 주신 기쁨을 맛보며 살 수 있습니다. 여러분들의 약점은 하나님께서 일하시기에 최적화된 강점입니다.

지금은 고인이 되었지만 우리나라 최초의 맹인 박사인 강영우 씨는 미국에서 성공한 대표적인 한국인입니다. 그는 강연할 때마다 이렇게 강조했다고 합니다.

"여러분, 사람들이 저를 칭찬할 때는 '장애인인데도 불구하고 성공했다.'고 말합니다. 그런데 그건 틀린 말입니다.
저는 장애를 극복하고 성공한 것이 아니라, 장애인이기 때문에 성공한 것입니다."

미국이 낳은 위대한 찬송작가 화니 제인 크로스비(Fanny Jane Crosby) 여사는 생후 6주 되던 때 감기로 인한 고열 때문에 눈언저리에 생긴 종기를 치료하던 중 의사의 실수로 실명하게 되었습니다. 암흑 속에서 인생을 살아가던 그녀는 31세 때 자신의 약함과 한계 앞에서 자신을 온전케 하시고 강하게 하시는 예수 그리스도를 만났습니다. 그 이후 그녀는 약함 속에서 강하게 하시는 그리스도와 함께 살았기에 오히려 자신의 약함을 자랑하며 예수님의 은혜를 증거하며 살았습니다.

그녀의 대표적인 찬송 시는 약함 중에 함께 계시는 예수님을 고백하며 구원받은 자로 살아가는 감격을 담은 찬송 204장 '예수로 나의 구주 삼고'입니다. 또한 자신의 한계성을 실감하며 약함 중에 강하게 하시는 그리스도의 역사를 체험한 찬송 434장 '나의 갈 길 다 가도록 예수 인도하시니'가 있습니다.

나의 갈 길 다 가도록 예수 인도하시니 어려운 일 당할 때도 족한 은혜 주시네
나는 심히 고단하고 영혼 매우 갈하나 나의 앞에 반석에서 샘물 나게 하시네…

우리는 우리의 약함을 자랑할 수 있는 깊은 믿음의 사람이 되어야 합니다. 하나님은 우리의 약점을 통해서 하나님의 하나님 되심을 더욱 나타내십니다. 인간이 생각하는 약함과 하나님이 생각하는 약함은 다릅니다. 우리에게 약함은 우리를 강하게 하는 강점이 됨을 기억하시기 바랍니다.

감사훈련

감사가 무너지면 다 무너지고 감사가 회복되면 다 회복됩니다. 사람들은 하나님의 평가와 사람의 평가 중에서 사람의 평가를 더 민감하게 생각합니다. 그러다 보니 사람의 평가에 따라서 행복과 불행을 결정짓게 됩니다. 그러나 사람의 평가와 판단은 오류가 많이 있습니

다. 오직 전능하시고 완전하신 하나님의 평가만이 정확한 평가가 됩니다.

하나님은 우리에게 '보시기에 심히 좋았더라' 말씀하시면서 우리를 '이쁘다', '귀하다', '존귀하다' 말씀하시는데 주변 사람들이 무심코 던진 말이나 우리의 약점이 드러난 말을 들었을 때에는 더 이상 하나님의 말씀을 붙잡지 않고 사람의 말을 붙잡고 가슴 아파합니다. 우리는 사람의 말을 주야로 묵상하는 자가 아니라 하나님의 말씀을 주야로 묵상하는 자입니다. 하나님의 말씀을 주야로 묵상하는 자가 가장 복 있는 자입니다.

캘리포니아 데이비스대학 로버트 에먼스 교수는 '감사를 습관화한 학생의 연평균 수입이 그렇지 않은 학생보다 많으며, 감사를 습관화한 사람의 평균 수명이 그렇지 않은 사람보다 더 길었다'는 흥미로운 연구 결과를 발표하였습니다.

감사가 습관화된 사람은 그 마음에 기쁨과 행복이 넘치는 것은 물론 물질의 복과 장수의 복까지 보너스로 받게 됩니다. 감사가 습관이 되려면 표현도 습관화되어야 합니다. 표현 없는 감사는 온전한 감사가 되지 않음을 기억하면서 감사의 말 한 마디라도 꼭 감사를 표현하는 행복한 사람 되시기 바랍니다.

이번 주 감사대상: 소중한 친구

인생을 살면서 때로는 가족들에게 말 못 할 고민을 친구에게 할 때가 있습니다. 그만큼 친구 사이는 무척이나 가까운 사이입니다. 그런데 너무 가까운 사이이기에 때로는 자신의 마음을 다 안다고 생각하여 감사를 표현하지 못할 때가 많습니다. 자신의 삶을 돌이켜 보면서 내가 힘들었을 때에 나와 함께해 주었던 그 친구에게 감사를 표현해 보십시오.

감사나눔 ....

1. 나의 강점과 약점을 간단히 말해 줄 수 있겠습니까?
2. 나의 약점을 감추려는 의도나 행동을 한 적이 있다면 언제입니까?
3. 강점이 많은 자가 하나님을 의지합니까? 약점이 많은 자가 하나님을 의지합니까?
4. 강점이 많은 자들의 특징이 있다면 무엇입니까?
5. 오른손이 없는 에훗에게 누가 그의 오른손이 되어 주었습니까?
6. 나의 약점을 자랑할 수 있겠습니까? 자랑한다면 무엇을 자랑하겠습니까?
7. 지난주 감사표현을 통해서 깨닫고 느낀 점과 한 주간의 삶 속에서 감사했던 것들을 나눠 보도록 하겠습니다.

감사가 무너지면 다 무너지고
감사가 회복되면 다 회복된다

♥감사일기♥

1) 주변 인물에게 감사 찾기   2) 주변 사물에게 감사 찾기

3) 주변 환경에게 감사 찾기   4) 자기 자신에게 감사 찾기

* 매일 똑같은 내용의 반복 없이 감사의 제목을 찾아서 감사일기를 써 보세요.

[월요일]   년   월   일

① ....

② ....

③ ....

④ ....

⑤ ....

[화요일]   년   월   일

① ....

② ....

③ ....

④ ....

⑤ ....

[수요일]   년   월   일

① ....

② ....

③ ....

④ ....

⑤ ....

[목요일]　　년　월　일

① ....

② ....

③ ....

④ ....

⑤ ....

[금요일]　　년　월　일

① ....

② ....

③ ....

④ ....

⑤ ....

[토요일]　　년　월　일

① ....

② ....

③ ....

④ ....

⑤ ....

[주 일]　　년　월　일

① ....

② ....

③ ....

④ ....

⑤ ....

제12과

표현해야 감사다

예수께서 예루살렘으로 가실 때에 사마리아와 갈릴리 사이로 지나가시다가 한 마을에 들어가시니 나병환자 열 명이 예수를 만나 멀리 서서 소리를 높여 이르되 예수 선생님이여 우리를 불쌍히 여기소서 하거늘. 보시고 이르시되 가서 제사장들에게 너희 몸을 보이라 하셨더니 그들이 가다가 깨끗함을 받은지라. 그중의 한 사람이 자기가 나은 것을 보고 큰 소리로 하나님께 영광을 돌리며 돌아와 예수의 발아래에 엎드리어 감사하니 그는 사마리아 사람이라. 예수께서 대답하여 이르시되 열 사람이 다 깨끗함을 받지 아니하였느냐. 그 아홉은 어디 있느냐. 이 이방인 외에는 하나님께 영광을 돌리러 돌아온 자가 없느냐 하시고. 그에게 이르시되 일어나 가라 네 믿음이 너를 구원하였느니라 하시더라(눅 17:11~19)

많은 사람들은 사랑은 저절로 우러나오는 감정이라고 생각합니다. 인생을 살면서 누군가를 만나고 그 만남을 통해서 사랑이 싹트기에 사랑은 저절로 나오는 감정으로 생각합니다. 그러나 저절로 우러나오는 감정적 사랑은 그리 오래가지 못합니다. 사랑도 연습이 필요합니다. 연습하지 않는 사랑은 실패할 확률이 많습니다.

감사도 마찬가지입니다. 감사도 저절로 우러나오는 것이 감사라고 생각하겠지만 안타깝게도 저절로 우러나오는 감사는 많이 있지 않습니다. 감사도 연습해야 합니다. 사랑도 연습해야 오래갈 수 있고 감사도 연습을 해야 감사의 축복을 오래 지속할 수 있습니다.

감사를 오래 지속할 수 있는 훈련은 바로 감사표현입니다. 감사에 있어서 표현훈련은 감사의 능력을 경험하게 되는 가장 중요한 요소가 됩니다. 사람들이 착각하는 것 중에 하나가 바로 칭찬입니다. 사람들은 칭찬 받을 행동을 할 때 하는 것이 칭찬이라고 생각합니다. 그러나 칭찬 받을 행동 이전에 미리 칭찬을 해 주면 그 칭찬에 합당한 삶의 모습으로 변화되어 가게 됩니다. 미리 칭찬하면 칭찬의 효과가 상대편 삶에 영향을 주듯이 감사표현도 그렇습니다.

많은 사람들이 감사훈련을 하면서 힘든 점 중의 하나로 '상대방에게 감사하는 마음이 없는데 감사표현 훈련할 때'를 꼽습니다. 그런데 감사표현을 하면 그 표현의 끝자락에 감사라는 깨달음이 연결되어 있어서 표현하기 전까지 알지 못했던 감사를 감사표현을 통해서 깨닫게 되는 사례가 많이 있습니다. 이것이 감사표현의 능력이 됩니다.

인간의 성숙도를 측정하는 잣대가 여럿 있겠지만 그중의 하나가 감사입니다. 어떤 상황 속에서조차도 감사할 수 있는 사람이라면 분명 그는 성숙한 사람일 것입니다. 성숙한 믿음의 사람도 마찬가지입니다. 환경에 반응하는 사람과 믿음에 반응하는 사람 중에 당연히 성숙한 믿음의 사람을 꼽으라면 환경이 아닌 하나님의 말씀에 믿음으로 반응하는 자일 것입니다. 그렇다면 믿음의 반응을 무엇으로 평가할 수 있을까요? 바로 감사로 표현할 수 있습니다.

성경에서 배은망덕을 가장 생생하게 다룬 사건이 있습니다. 열 명의 나병환자를 고치신 사건입니다. 예수님께서 사마리아와 갈릴리 사이에 있는 한 마을에 들어가셨을 때에 열 명의 나병환자를 만났습니다. 문둥병이라고 일컫는 이 나병은 성경에서 심각한 죄를 상징하기도 합니다. 이는 열 명의 나병환자들이 다른 이들에 비해 뭔가 더 심각한 죄를 지었다는 뜻이 아니라 이 전염성 피부병 자체가 사람들의 죄의 본질과 결과를 잘 설명해 준다는 의미를 말합니다.

이스라엘 자손에게 명령하여 모든 나병환자와 유출증이 있는 자와 주검으로 부정하게 된 자를 다 진영 밖으로 내보내되 남녀를 막론하고 다 진영 밖으로 내보내어 그들이 진영을 더럽히게 하지

말라. 내가 그 진영 가운데에 거하느니라 하시매(민 5:2~3)

당시 나병환자들은 율법에 따라서 나병에 걸리면 진(마을) 밖으로 격리되어 살아야만 했습니다. 저들은 그 당시 저주 받은 인간으로 취급당하였기에 밖으로 다닐 수도 없지만 밖으로 다닐 때는 옷을 찢고, 머리를 풀고, 윗입술을 깨물고 자기 자신을 '부정하다'고 외치며 동네 밖에서 살아야만 했습니다. 그리고 이들이 지나갈 때면 사람들이 돌을 던지며 가까이 오지 못하게 하였고, 때로는 돌에 맞아 죽기도 하였습니다. 이처럼 나병환자는 비참한 인생을 살아가는 저주 받은 인생처럼 살아갔었습니다.

한 마을에 들어가시니 나병환자 열 명이 예수를 만나 멀리 서서 소리를 높여 이르되 예수 선생님이여 우리를 불쌍히 여기소서 하거늘(눅 17:12~13)

이들 주변에 예수님이 지나가시자 나병환자 열 명이 예수님께 소리 높여 간절히 자신들을 "불쌍히 여겨 달라" 요청하였습니다. 사실 이들이 지나가는 예수님께 소리를 높여 불쌍히 여겨 달라는 것 자체가 죽음을 각오한 믿음입니다. 저들은 사람들과 가까이할 수 없으며 함께 하다가는 돌에 맞아 죽기에 예수님께 소리 높여 부르짖는 행동은 아주 위험한 행동이었습니다.

저들은 예수님에 대한 소문을 듣고 그분께서 기적을 행하시는 하나님의 아들이심에 대한 믿음을 갖게 되었을 것입니다. 그래서 죽으면 죽으리라는 각오로 예수님께 요청했습니다. 예수님에 대한 확신이 없다면 저들은 이렇게 요청하지 못했을 것입니다.

> 보시고 이르시되 가서 제사장들에게 너희 몸을 보이라 하셨더니
> 그들이 가다가 깨끗함을 받은지라(눅 17:14)

예수님께서 저들의 부르짖음을 들으시고 무엇을 명령하셨습니까? 예수님께서는 열 명의 나병환자들에게 제사장에게 자신들의 몸을 보이라 명령하셨습니다. 그 당시 저들은 격리 수용될 수밖에 없었고 그 병이 나으면 제사장에게 확인을 받아야 자신의 집으로 들어갈 수 있었습니다.

예수님께서 저들에게 한 '제사장에게 보이라'는 명령은 나병환자들에게 있어서는 결코 쉬운 순종은 아닙니다. 자신들이 제사장에게 가야 하는 이유는 자신의 몸이 나았는지에 대한 확신과 최소 치유되는 과정 가운데 치유가 되었는지에 대한 검사 차원에서나 가능한 일입니다. 그런데 열 명의 나병환자는 예수님께서 "제사장들에게 너희 몸을 보이라"고 했을 때 그대로 순종하며 실천했습니다. 예수님의 한마디에 두말하지 않고 믿고 순종하며 따랐습니다.

그 믿음과 순종의 결과는 어떻게 되었습니까? 그들이 제사장에게 가다가 모두 깨끗함을 받았습니다. 저들은 예수님에 대한 믿음과 순종함을 통해서 저주스러운 자신의 삶이 깨끗함을 받게 되었습니다. 이 사건은 저주가 축복이 되는 놀라운 변화이며 비참히 죽을 수밖에 없는 인생이 새로운 삶을 시작하게 되는 가장 큰 은혜를 입게 되는 순간입니다.

> 그중의 한 사람이 자기가 나은 것을 보고 큰 소리로 하나님께 영광을 돌리며 돌아와 예수의 발아래에 엎드리어 감사하니 그는 사마리아 사람이라(눅 17:15~16)

열 명의 나병환자 모두가 예수님 말씀에 순종했더니 저주스러운 인생이 축복된 인생으로 바뀌는 치유를 경험했습니다. 그런데 문제는 이렇게 큰 은혜를 입은 열 명의 나병환자 모두가 고침을 받았지만 오직 사마리아 사람 한 명만 하나님께 영광을 돌리며 예수님께 돌아와 감사를 드렸습니다.

사실 그리스도인들에게 필요한 것은 하나님에 대한 절대적인 믿음과 순종입니다. 예수님께서 하나님의 아들이라는 사실과 우리의 구원자 되시는 전능하신 하나님이라는 것을 믿고 그분의 말씀에 순종의 삶을 살아가는 것이 믿음의 삶입니다. 그런데 기억해야 할 것은 그 믿음의 삶을 완성시키는 종점이 바로 감사라는 것입니다.

아무리 좋은 믿음을 갖고 기적을 경험한다 할지라도 감사하지 아니하면 그 신앙과 믿음은 하나님께서 원하시는 온전한 믿음이 될 수 없습니다. 아무리 신앙생활을 오래 했고 열심히 봉사하고 순종하여 귀한 직분을 맡았다 하더라도 그 입술과 삶에 감사가 없으면 아직 초보적인 신앙인입니다. 믿음은 감사로 종결지어집니다. 그것이 바로 온전한 믿음입니다.

> 예수께서 대답하여 이르시되 열 사람이 다 깨끗함을 받지 아니하였느냐. 그 아홉은 어디 있느냐(눅 17:17)

"그 아홉은 어디에 있느냐"라는 예수님의 말씀에 여러분들은 무엇을 느끼십니까? 주님은 감사가 없는 그들의 삶 속에서 섭섭함을 느끼셨으리라 생각됩니다. 분명 열 명 모두를 다 고쳐 주셨는데 예수님께 나아와 감사한 사람은 딱 한 명밖에 없었습니다.

"그 아홉은 어디에 있느냐"라는 예수님의 질문 속에는 많은 뜻들이 담겨 있으리라 생각됩니다. 예수님께 감사하지 못했던 그 아홉 사람들에 대한 작자 미상의 글이 있습니다. 「그 아홉의 변명」이라는 글입니다.

한 사람은 "의사와 제사장에게 가서 이것이 정말 나았는지 정밀검사를 해야겠다" 해서 갔다는 것입니다. 두 번째 사람은 혹, "재발 가능성이 있는지도 몰라. 그런고로 며칠 두고 봐야겠다". 정말 나았는지 좀 기다려 봐야겠다는 것입니다. 세 번째 사람은 "내 병은 본래 문둥병이 아닌 좀 특이한 피부병 정도였던가 보다". 또 그다음 사람은 "내 병은 나을 때가 돼서 나았을 거야." 이건 자연 현상이라는 것입니다. 또 하나는 병 걸리기 전 가지고 있던 밭과 재산이 지금 어떻게 되었는지 궁금한 것입니다. 이제 먹고살아야 하니 그걸 빨리 알아보기 위해서 가 버린 것입니다. 또 한 사람은 병에 걸리기 전에 같이 있었던 가정과 식구들, 특별히 아내가 수절하고 있는지 그게 궁금한 것입니다. 그래서 집으로 뛰어갔습니다. 또 한 사람은 "그리스도께서 특별히 해 준 것이 없잖아. 안수를 해 준 것도 아니고, 어루만져 준 것도 아니고, 안찰을 한 것도 아니고, 약을 준 것도 아니고. 그저 '제사장에게 가서 보여라' 한 말씀밖에 안 했는데 무엇을 감사하라는 말이야" 하며 가 버렸습니다. 또 다른 사람은 "다른 유명한 랍비들도 이런 것은 아마 가능할는지 몰라."라며 예수님의 능력을 상대화시켜 버렸습니다. 또 한 사람은 "이 모습대로 갈 수는 없잖아. 가서 목욕을 하고 새 옷을 입고 예물을 가지고 그리고 예수님께 가야지." 그래서 가 버렸는지도 모르겠습니다.

물론 이 모든 것은 추측이지만 한 가지 분명한 것은 제때 감사하러 오지 않았다는 사실입니다. 감사도 때를 놓치면 못하는 것입니다. 또한 감사를 하지 못했다는 것은 결국은 표현에 있습니다. 물론 속으로는 감사하는 마음을 가졌을 것입니다. 그러나 감사가 감사 될 수 있으려면 반드시 표현이 있어야 합니다. 표현이 없는 감사는 감사가 될 수 없습니다.

그에게 이르시되 일어나 가라 네 믿음이 너를 구원하였느니라 하시더라(눅 17:19)

예수님께서는 오직 한 명만 돌아와 감사했던 그 사마리아인에게 무엇을 명하셨습니까? "일어나 가라. 네 믿음이 너를 구원하였느니라" 말씀하셨습니다. 여기서 '네 믿음'은 감사를 의미합니다.

"감사하는 너에게 구원이 있을지어다"라고 선언하신 것입니다. 하나님은 감사하는 자에게 더 큰 것을 허락해 주십니다. 은혜는 똑같이 열 명에게 주어졌으나 받은 축복은 감사한 한 명과 그렇지 않은 아홉 명은 크게 달랐습니다. 오직 감사를 표현한 그 사람만이 구원에 이른 것입니다.

감사할 줄 몰랐던 아홉 사람도 기도했고 주님의 말씀에 순종도 했지만 구원받았다는 선언은 들을 수 없었습니다. 예수님께 돌아와 감사하지 않았기 때문입니다. 우리의 신앙생활도 감사가 빠져 있다면 꼭 점검해 보아야 합니다.

교회 다니면서 병도 낫고, 사업도 잘되고, 자녀도 잘되어 복 받았다고 하면서도 그의 삶에 감사와 찬양이 없이 늘 불평과 불만만 가득하다면 그는 병 나은 것에만 만족하고 집으로 돌아간 아홉 사람들과 다를 바가 없습니다.

온전한 신앙은 감사하는 신앙입니다. 우리들의 믿음은 감사를 통해서 완성됩니다. 감사하는 것이 가장 큰 복이고 감사하는 것이 확실하게 구원에 이르는 믿음입니다.

감사는 더 큰 은혜를 가져옵니다. 하나님은 감사하는 사람을 기뻐하십니다. 감사하는 사람에게 더 큰 복을 주시길 원하십니다. 인생에 있어서 가장 큰 성공은 마지막의 성공입니다. 오늘날도 수많은 기적들이 일어나지만 그 기적만 체험하고서 하나님을 믿지 않고 살아간다면 그 또한 가장 큰 축복을 잃은 사람입니다.

'은혜'라는 말은 헬라어로 '카리스'입니다. 이 은혜를 아는 자가 감사할 수 있습니다. '감사'라는 말은 헬라어로 '유카리스'입니다. '카리스(은혜)'와 '유카리스(감사)' 두 글자가 비슷한 것은 은혜와 감사의 뿌리가 같기 때문입니다.

은혜를 아는 자가 감사할 수 있습니다. 은혜를 은혜로 알지 못하면 감사할 수 없습니다. 진정한 감사는 내가 은혜 받았다는 것을 아는 자만이 할 수 있습니다. 현재의 은혜를 깨닫는 것이 감사의 출발점입니다. 더불어 표현되지 않는 감사는 감사가 될 수 없음을 깨닫고 하나님으로부터 받은 은혜, 주변인으로부터 받은 은혜들을 깨달아 감사를 표현하는 온전한 믿음의 사람 되시기 바랍니다.

어느 광촌에서 있었던 이야기입니다. 탄광을 하던 사람들이 점심시간이 되자 허겁지겁 도시락을 먹기 시작했습니다. 그러나 한 광부는 감사기도를 드리고 있었습니다. 사람들은 그를 향해 배고파 죽겠는데 무슨 도시락 하나 앞에 두고 그렇게 감사 기도를 하냐고 조롱했습니다. 엎친 데 덮친다고 그 조롱과 함께 아직 기도가 끝나지 않았는데 갑자기 강아지가 뛰어 들어와서 그 도시락을 물고 도망을 갔습니다.

사람들은 깔깔대고 웃고 조롱했습니다. 그 감사기도를 하던 사람이 도시락을 찾기 위해서 강아지를 쫓아 뛰어 나갔는데 그가 나가자 갑자기 꽝 하는 소리와 함께 그들이 있었던 탄광이 무너져 버렸고 오직 밥 한 그릇을 놓고 감사기도를 드렸던 그 사람만이 살아났다는 이야기가 있습니다. 밥 한 그릇에 감사를 했더니 하나님께서 그의 생명까지 살려 주셨습니다.

감사에 기회가 있음을 기억해야 합니다. 그 기회를 놓치면 감사할 수가 없습니다. 많은 사람들이 말하길 내가 잘되면, 내가 성공하면, 하나님께 감사해야지 말합니다. 이것은 틀린 말입니다. 지금 하지 않는 감사는 의미가 없습니다.

또한 감사는 반드시 표현해야 감사입니다. 하나님께 감사의 제물을 드림에 있어서 아까운 마음이 들고, 인색하다면 지금 우리는 예수님으로부터 받은 은혜를 제대로 이해하지 못하고 있다는 증거입니다. 감사의 크기는 깨달은 은혜의 크기입니다. 감사의 크기가 보잘 것 없으면 깨달은 은혜의 크기도 보잘 것 없는 것입니다.

예수님께서 우리에게 주신 은혜는 보잘것없는 은혜가 아닙니다. 죄악 가운데 있는 우리를 구원하기 위해서 자신의 생명을 십자가에 던지셨던 큰 은혜입니다. 예수님의 은혜는 우리를 구원하시려고 생명을 주신 은혜입니다. 피를 흘려 주신 은혜이기에 그 값을 매길 수 없습니다. 이 값비싼 은혜를 입고도 그것을 큰 은혜로 여기지 못하는 아홉 명의 나병환자가 되지 맙시다.

감사훈련

감사가 무너지면 다 무너지고 감사가 회복되면 다 회복됩니다. 사람은 텔레파시 능력을 가진 전지전능한 존재가 아닙니다. 그렇기에 표현되지 않는 경우는 모르는 것이 당연합니다. 그러므로 감사하는 마음을 가지고 있다면 반드시 그것을 표현해야 합니다.

우리는 어쩌다 한 번 밥을 사 준 사람들한테는 감사를 하지만 항상 끼니를 챙겨 주신 어머니에게 그리고 아내에게는 감사표현이 적습니다. 이는 우리가 살면서 많은 것들을 당연시 여겼기 때문입니다. 두려웠던 외국 유학이나 이민 시절 공항에 픽업 나오셨던 고마운 분, 결혼할 때 주례를 해 주셨던 고마운 분, 믿음 없을 때 우리의 믿음을 성장시켜 주셨던 분, 외롭고 힘들 때 우리를 찾아와 격려해 주셨던 분, 물질적으로 어려웠을 때에 도움을 주었던 고마운 분들 등 지금의 내가 있기까지 도움을 주셨던 분들의 고마움을 찾아 반드시 감사를 표현합시다.

감사는 표현해야 감사가 됩니다. 감사를 하나님께 표현할 줄 알아야 하고 사람에게도 표현할 줄 알아야 합니다. 말로 표현하고, 글로 표현하고, 기도로 표현하고, 찬송으로 표현하고, 물질로 표현할 줄 알아야 합니다. 12주간의 감사훈련을 오늘 마치지만 이것은 감사훈련의 마침입니다. 훈련을 받는 의미는 바로 실전 때문에 훈련을 받는 것입니다. 이제 감사훈련을 받았다면 이제부터 더욱 본격적으로 감사를 실천하고 감사를 표현함으로 범사에 감사하라는 하나님의 뜻을 이루는 참 그리스도인이 되시길 축원합니다.

감사표현 ....

이번 주 감사대상: 과거 나의 삶 속에 도움을 주신 고마운 분

이사했던 날 이삿짐을 도우셨던 분, 낯선 환경에서 정착할 수 있도록 도움 주셨던 분, 나를 축복하며 결혼 주례를 해 주셨던 분, 물질적인 어려움이 있었을 때에 도움 주셨던 분, 내가 병원에 입원했을 때 진심으로 위로하며 병문안해 주셨던 분, 큰일을 당했을 때에 나를 떠나지 않고 함께해 주었던 분 등 생각해 보면 너무도 많은 감사의 대상이 있을 것입니다.

감사나눔

1. 감사에 연습도 훈련도 필요하다고 생각하십니까?
2. 내가 큰 사랑을 베풀었는데 상대방이 감사하지 않는다면 어떤 기분일까요?
3. 인간의 성숙도를 측정하는 잣대 중 하나가 감사라면 동의하시겠습니까?
4. 살면서 감사표현을 놓친 분이 계시다면 누구입니까?
5. 감사표현을 받아 본 것 중에 제일 기억에 남는 감사가 있다면 무엇입니까?
6. 감사훈련을 통해서 제일 크게 얻은 변화가 있다면 말씀해 주세요.
7. 지난주 감사표현을 통해서 깨닫고 느낀 점과 한 주간의 삶 속에서 감사했던 것들을 나눠 보도록 하겠습니다.

❤감사일기❤

1) 주변 인물에게 감사 찾기   2) 주변 사물에게 감사 찾기
3) 주변 환경에게 감사 찾기   4) 자기 자신에게 감사 찾기
* 매일 똑같은 내용의 반복 없이 감사의 제목을 찾아서 감사일기를 써 보세요.

[월요일]   년   월   일
①..
②..
③..
④..
⑤..

[화요일]   년   월   일
①..
②..
③..
④..
⑤..

[수요일]   년   월   일
①..
②..
③..
④..
⑤..

[목요일]　　년　월　일
①...
②...
③...
④...
⑤...

[금요일]　　년　월　일
①...
②...
③...
④...
⑤...

[토요일]　　년　월　일
①...
②...
③...
④...
⑤...

[주 일]　　년　월　일
①...
②...
③...
④...
⑤...

감사훈련학교
수료증

지난 12주 동안 수고 많으셨습니다.
이제 배웠던 감사를 삶 속에 적용함으로
감사가 주는 행복과 능력을
더 많이 경험하시길 응원하며 축복합니다.

감사가 무너지면 다 무너지고
감사가 회복되면 다 회복됩니다.

뉴질랜드 정재식 목사
jjsdavid@hotmail.com

감사의 글

내가 노래로 하나님의 이름을 찬송하며 감사함으로 하나님을 위
대하시다 하리니.
이것이 소 곧 뿔과 굽이 있는 황소를 드림보다 여호와를 더욱 기
쁘시게 함이 될 것이라(시 69:30~31)

감사는 내게 너무 특별합니다. 감사는 나로 하여금 많은 것을 깨닫
게 해주었습니다. 감사를 통해서 행복도 발견했습니다. 감사를 통해
서 기쁨도 발견했습니다. 그리고 감사를 통해서 참된 감사를 발견했
습니다. 감사를 깊이 묵상하지 못했다면 감사가 주는 감사를 발견하
지 못했을 것입니다.

무엇보다도 감사는 내게 하나님을 신뢰하는 법을 배우게 했습니다.
하나님에 대한 절대적인 믿음을 배우게 했습니다. 그래서 감사를 배
움이 얼마나 큰 감사인지 늘 고백하게 됩니다. 감사하는 것이 얼마나
큰 축복인지 깨닫습니다. 감사를 배우고 감사를 실천한다는 것이 얼

마나 큰 위로가 되며 소망이 되는지 경험하게 됩니다.

먼저 이렇게 감사라는 주제로 감사의 글을 쓸 수 있음이 너무 감사합니다. 다른 이에게 감사를 가르치기 위해서 모아 두었던 수많은 글들이 결국 내가 감사를 배울 수 있는 교재가 되어 감사했습니다. 이제는 더욱더 은혜 아는 자로, 감사하는 자로 살아가기 원합니다. 지금까지 내게 은혜를 베풀어 주셨던 수많은 분들을 기억해 봅니다. 그리고 고백해 봅니다. 정말 감사합니다. 분에 넘치는 사랑과 은혜를 베풀어 주셔서 정말 감사드립니다.

한평생 봉사와 헌신 그리고 하나님 사랑과 이웃 사랑을 실천하여 본이 되어 주셨던 나의 부모 정소일 장로님과 한두임 권사님께 깊이 감사를 드립니다.

특히 최근 갑작스런 딸의 죽음 앞에서도 감사를 발견하여 오히려 조문객들에게 천국 복음을 증거하셨던 나의 어머니 한두임 권사님. 딸의 죽음을 슬퍼할 겨를조차 없이 곧바로 찾아온 암 진단 앞에서도 친척들 경조사에 참석하여 전도하는 것이 먼저라면서 수술 날짜를 늦춰 잡으시는 그 모습은 천국 복음을 소유한 우리 모두에게 큰 귀감이 됩니다.

내 소중한 기도 동역자이신 장인, 장모 박상연 장로님과 정분남 권사님께 깊이 감사를 드립니다. 늘 두 분의 기도 덕분에 저희들이 잘

살아가고 있다며 감사를 고백할 때마다 겸손히 기도도 할 줄 모르신다면서 매일같이 새벽을 가르시며 기도의 자리를 지키셨던 두 분의 간절한 기도에 정말 깊이 감사드립니다.

사랑하는 아내 박은정 사모에게 감사를 드립니다. 항상 친구로서, 동역자로서, 아내로서, 엄마로서 최선을 다하는 모습에 늘 감사하고 미안합니다. 무엇보다도 사역과 가난한 재정 때문에 결혼 10년 동안 15번의 이사, 그리고 그 이후에도 지금까지 많은 이사를 해 왔는데, 언젠가 내게 꿈 이야기를 하면서 너무 많은 이사에 자기 집을 찾지 못해서 쩔쩔매는 꿈을 몇 번 꾸었다는 말을 했습니다. 그때는 그냥 웃고 넘어갔지만 사실 그 꿈 이야기를 접했을 때는 많이 미안했고 가슴이 아팠습니다. 그럼에도 불구하고 항상 어떤 상황 앞에서도 감사를 찾아가는 모습은 언제나 도전이 되며 감동이 됩니다.

아들 로이와 딸 미셸이는 늘 하나님께 드리고 있는 감사의 일부입니다. 부모 입장에서 자녀가 하나님 안에 있다는 것만으로도 얼마나 큰 감사인지요. 딸은 아직 멀리 떨어져 유학을 하는 중이라 만날 수 없지만 매주 줌(zoom)을 통해서라도 함께 모여 가정 예배를 드리고 있노라면 그 자체만으로도 너무 큰 감사입니다. 자기가 맡은 일을 책임감 있게 해 주며 항상 하나님 안에서 하나님과 동행하며 하나님의 영광을 위해 살아가는 아들딸이 있음에 깊이 감사를 드립니다.

그리고 제 삶에 있어서 감사에 대해서 더 많은 깨우침을 주셨던 이 은태 목사님과 조미향 사모님께 깊이 감사를 드립니다. 하나님께서 허락하신 물질을 철저히 하나님의 영광을 위해서 사용하시며 구제와 선교에 최선 다하시는 모습은 늘 귀감이 되었습니다. 매년 구제와 선교를 위해서 수억에서 수십억 원을 사용하시면서도 그저 당연한 일을 했을 뿐이라며 겸손히 감당하시는 모습을 곁에서 보면서 많은 도전을 얻게 됩니다. 더불어 그렇게 많은 구제와 선교를 지원 받았음에도 불구하고 감사가 없는 사람들을 직접 경험해 보면서 그것이 내 모습이었으며 우리네 인생의 모습임을 발견하며 하나님과 인간 사이의 모습을 많이 깨닫게 되었습니다. 목사님과 사모님의 삶은 저에게 있어서 감사를 깨닫게 해 주신 감사의 은인이십니다.

감사의 중요성을 강조했지만 사실상 저도 언제든지 무너질 수 있는 인간임을 고백합니다. 그럴 때마다 '감사가 무너지면 다 무너지고 감사가 회복되면 다 회복된다'는 구호를 외치며 역사와 환경을 주관하신 그 하나님 앞에 나아가도록 하겠습니다. 무엇보다도 저 같은 죄인을 위하여 하나님이신 예수님께서 인간의 몸을 입고 내 죄를 대신하여 십자가에 죽으신 그 사랑과 은혜를 깨달으며 늘 감사함으로 나아가도록 하겠습니다.

하나님 아버지! 너무너무 감사합니다.
제 평생 영원토록 주께 감사하며 살아가겠습니다.

예수님 사랑합니다. 감사합니다.

I am nothing without God.

감사가 무너지면 다 무너지고
감사가 회복되면 다 회복된다

ⓒ 정재식, 2023

초판 1쇄 발행 2023년 5월 17일

지은이   정재식
펴낸이   이기봉
편집   좋은땅 편집팀
펴낸곳   도서출판 좋은땅
주소   서울특별시 마포구 양화로12길 26 지월드빌딩 (서교동 395-7)
전화   02)374-8616~7
팩스   02)374-8614
이메일   gworldbook@naver.com
홈페이지   www.g-world.co.kr

ISBN   979-11-388-1914-5 (03230)